DJÉMYL-BEN-HASSI

L'ARMÉE

ET LE

SIÈGE DE METZ

AVEC GRAVURES DANS LE TEXTE

ROUEN

MÉGARD ET Cie, IMPRIMEURS-ÉDITEURS

Rue Saint-Hilaire, 136

BIBLIOTHÈQUE MORALE

DE

LA JEUNESSE

—

2ᵉ SÉRIE IN-8º CARRÉ.

Le maréchal CANROBERT.

L'ARMÉE

ET

LE SIÈGE DE METZ

PAR

DJÉMYL–BEN–HASSI

AVEC GRAVURES DANS LE TEXTE

ROUEN

MÉGARD ET Cᵢᵉ, LIBRAIRES-ÉDITEURS

1894

L'ARMÉE ET LE SIÈGE DE METZ

I.

L'armée de Metz n'est pas responsable de la conduite de son chef. — Bazaine. — Nos corps d'armée au début de la guerre.

Nous entreprenons aujourd'hui le récit d'une des pages les plus douloureuses de notre histoire. Un général d'armée laissant successivement écraser par l'ennemi ses lieutenants et ses soldats, et, finalement, à la tête de 200,000 hommes, capitulant en rase campagne et causant de la sorte la perte pour la France de l'une de ses premières places fortes, telle fut, en 1870, la conduite inouïe du maréchal de France, illustre jusque-là, en qui la patrie mettait son suprême espoir. Pour s'excuser de cet incroyable désastre, Bazaine ne pouvait même pas alléguer qu'il avait été mal secondé, que ses lieutenants et ses soldats avaient manqué de vigueur et de courage. Loin de là; dans cette malheureuse et valeureuse armée de Metz, tous, officiers et soldats, comme on va le voir, tous, sauf un — le chef suprême — firent vaillamment et héroïquement leur devoir.

Il n'est que juste de le reconnaître, de bien faire ressortir que l'armée de Metz n'est pas responsable de la défaite, et de consacrer quelques pages aux soldats qui la composaient et qui se sont héroïquement conduits en maintes circonstances. Ils sont assez malheureux d'avoir été vaincus, car ils ont fait tout ce qui dépendait d'eux pour ne pas l'être. Dans ce terrible moment où le sort du pays était en jeu, personne parmi eux ni dans la France entière ne pouvait supposer que le chef de notre meilleure armée était disposé à sacrifier le salut de la patrie à la satisfaction de mesquines rancunes personnelles ou à la réalisation de l'on ne sait quelle problématique ambition.

Jusqu'en 1870, Bazaine avait le droit d'être considéré comme une des gloires de l'armée

française. Loin de nous la pensée d'écrire ici
sa biographie : le dernier acte de sa vie militaire a fait perdre à celui qui, de simple
soldat, était parvenu à mériter le bâton
de maréchal de France, le bénéfice de
son héroïsme passé et de son illustra-
tion antérieure. Nous ne rappellerons donc
point les diverses actions d'éclat dont il
avait été le héros ; nous nous bornerons à la
sèche nomenclature de ses états de services.

Né à Versailles le 13 février 1811, François-Achille Bazaine entra comme simple
soldat au 38ᵉ de ligne, le 18 mars 1831. A la
fin de l'année, il était caporal. Il fut successivement promu :

Sergent le 16 juillet 1832, en Algérie ;

Sous-lieutenant le 2 novembre 1833, en
Algérie ;

Lieutenant le 22 juillet 1835, en Espagne ;

Capitaine le 20 octobre 1839, à sa rentrée
d'Espagne en France ;

Chef de bataillon le 10 mars 1844, en
Algérie ;

Lieutenant-colonel le 11 avril 1848, en
Algérie ;

Colonel le 4 juin 1850, en Algérie ;

Général de brigade le 28 octobre 1854, en
Crimée ;

Général de division le 22 septembre 1855,
en Crimée ;

Maréchal de France le 5 septembre 1864, au Mexique.

Bazaine n'était encore que lieutenant quand il reçut, le 22 novembre 1835, la croix de chevalier de la Légion d'honneur, comme récompense de sa conduite au combat de la Macta, en Algérie. C'est pendant l'expédition du Mexique, alors qu'il était commandant en chef du corps expéditionnaire, qu'il fut fait grand-croix de la Légion d'honneur et qu'il reçut (28 avril 1865) la médaille militaire, dernière et suprême récompense honorifique de nos généraux.

« L'armée du Rhin, disséminée au début de la guerre de 1870 par corps d'armée isolés sur la frontière nord-est, avait été formée, le 5 août 1870, en deux masses distinctes : l'une en Alsace, sous les ordres du maréchal de Mac-Mahon, comprenant les 1er, 5e et 7e corps ; l'autre sur la Sarre, sous les ordres du maréchal Bazaine, avec les 2e, 3e et 4e corps. La garde impériale, en avant de Metz, restait aux ordres du quartier général, tandis que le 6e corps, destiné à former l'armée de réserve, complétait son organisation au camp de Châlons, sous le commandement du maréchal Canrobert.

« Cette distribution tardive des forces de l'armée française était à peine ordonnée, que, dès l'attaque soudaine de l'ennemi, le 6 août, les défaites de Frœschwiller et de Forbach-Spickeren obligeaient d'urgence l'empereur à prendre d'autres dispositions.

« Pendant que le maréchal de Mac-Mahon précipite sa retraite par Lunéville et Neufchâteau sur le camp de Châlons, les corps d'armée établis entre la Moselle et la Sarre exécutent un mouvement de concentration vers l'est, où ils sont rejoints par le 6ᵉ corps appelé en toute hâte.

« Ce fut dans ces graves conjonctures que, par décret impérial en date du 12 août, décret qui ne put recevoir son exécution que le 13, le maréchal Bazaine fut nommé au commandement en chef de l'armée du Rhin et chargé de la direction générale des opérations militaires. »

Voici maintenant comment le général Serré de Rivière raconte les diverses formations de nos corps d'armée au début de la guerre et la façon dont le maréchal Bazaine fut amené à être investi du commandement en chef de l'armée de Lorraine ou de Metz. Nous ferons d'ailleurs, dans le cours de ce travail, de fréquents emprunts au remarquable rapport du général Serré de Rivière.

Lorsque, dit-il, après la guerre de 1866 (entre la Prusse et l'Autriche), une lutte fut devenue probable entre l'Allemagne du Nord et la France, le maréchal Niel, entre autres mesures préparatoires, étudia quelles devaient être la composition et la répartition de nos forces en vue de cette grave éventualité. Il s'était arrêté au projet de former trois armées : deux en première ligne dans la Lorraine et dans l'Alsace, une troisième en réserve à Châlons. Deux corps distincts devaient être constitués en outre à Belfort et à Lyon ; ils étaient destinés à être le noyau de nouvelles réserves. Dans la pensée du maréchal Niel, le commandement des trois armées devait être donné aux maréchaux Bazaine, Mac-Mahon et Canrobert.

Au moment où fut décidée la guerre de 1870, le gouvernement français, sentant bien qu'au début de la campagne nos forces seraient inférieures en nombre à celles de l'ennemi, s'était décidé, pour compenser ce désavantage, à prendre l'offensive. Comme dans le projet de 1866, on devait avoir deux armées en première ligne en Alsace et en Lorraine, pour laisser l'ennemi dans l'incertitude sur le point où se porterait le principal effort.

Deux combinaisons étaient en vue. Dans une première hypothèse, celle où nous aurions des alliés, l'on devait passer le Rhin et se jeter entre les armées du Nord et du Sud. Dans une seconde hypothèse, où le concours que nous espérions nous ferait défaut, le théâtre de la guerre devait se circonscrire tout d'abord dans le Palatinat et la Prusse rhénane. Dans tous les cas, la flotte devait opérer une diversion dans la Baltique.

Malheureusement, au moment même où nos armées furent mobilisées, on renonça à ces sages dispositions, dans le but, paraît-il, de pouvoir modifier plus facilement la répartition des forces suivant les circonstances. L'on ne forma qu'une seule armée, subdivisée en huit corps d'armée, y compris la garde. Cette combinaison permettait de réunir au besoin plusieurs corps sous la main de l'un des maréchaux. Quant au commandement suprême, l'empereur se l'était réservé.

Afin de diminuer le plus possible la confusion qui allait se produire pendant la période critique du passage de l'état de paix à l'état de guerre, on jugea à propos de répartir les corps d'armée en formation le long de la frontière, et assez à proximité d'elle pour protéger le territoire contre les pointes de la nombreuse cavalerie de l'adversaire. Ces corps se constituèrent sur les points de rassemblement suivants : le premier à Strasbourg, le deuxième à Saint-Avold, le troisième à Metz, le quatrième à Thionville, le cinquième à Bitche, le sixième au camp de Châlons, le septième à Belfort, et la garde à Paris.

La concentration des corps devait suivre rapidement leur formation, dès que celle-ci paraîtrait assez avancée pour qu'on pût mettre les troupes en mouvement. On espérait pouvoir l'opérer vers la fin de juillet, et dans ce but on avait réuni sur l'extrême frontière, notamment à Forbach et à Sarreguemines, de grands approvisionnements. On ne sait que trop les retards qu'éprouvèrent le rassemblement des hommes de la réserve et la réunion des services administratifs, retard que l'on aurait pourtant bien dû prévoir. Cette cause, jointe à l'incertitude qui pesait sur les projets réels de l'ennemi, fit ajourner jusqu'au 4 août les premiers mouvements de concentration, et l'ennemi nous surprit avant qu'ils fussent terminés. C'est ainsi qu'après avoir été provocateurs, nous étions envahis.

L'empereur s'était réservé, avons-nous dit, le commandement de l'armée; des intérêts politiques le retenant à Paris, le maréchal Bazaine, pour parer à toute éventualité, fut investi, le 16 juillet, du commandement provisoire de l'armée.

Par décret du 19 juillet, le maréchal Lebœuf fut nommé major-général de l'armée, et se rendit à Metz le 24 pour activer l'organisation des corps, au point de vue des services administratifs, précédant ainsi de quelques jours la venue de l'empereur, qui arriva à Metz le 28 juillet.

En prenant en main le commandement, l'empereur jugea convenable, jusqu'à ce qu'on fût fixé sur les projets de l'ennemi, de rapprocher l'armée de la voie ferrée de Metz à Sarrebrück, en la portant plus près de la frontière. D'après ses ordres, elle vint occuper, le 31 juillet, les positions suivantes :

2ᵉ corps, Forbach ;

3ᵉ corps, Saint-Avold ;

4ᵉ corps, Boulay.

Rien n'était changé aux emplacements des 1ᵉʳ, 5ᵉ et 7ᵉ corps, et de la garde, qui venait d'arriver à Metz.

Du moment que l'on ne prenait pas l'offensive, il était certain que l'ennemi allait le faire. Les lignes d'invasion, dans ce cas, étaient nettement indiquées par les voies ferrées de Sarrebrück à Metz et de Saverne à Nancy. Tout commandait donc de grouper les troupes françaises, que l'on savait inférieures en nombre à celles de l'ennemi, à cheval sur ces voies ferrées, et dans de bonnes conditions de défense.

Rien ne fut fait en Alsace dans cet ordre d'idées, et le commencement de concentration opéré en Lorraine sur une partie saillante de la frontière, exposée par cela même

à une attaque brusque, était tout à fait insuffisant. L'événement se chargea de le dé-
montrer.

Les premiers jours d'août se passèrent
dans cette situation périlleuse. Une reconnaissance opérée le 2, à Sarrebrück, par le
2ᵉ corps, n'apprit rien de bien précis sur
les dispositions de l'ennemi ; mais les jours
suivants, les renseignements recueillis sur
ses préparatifs permirent d'apprécier que sa
concentration était imminente. En ce moment, en effet, se formaient et arrivaient en
ligne une première armée, commandée par
le général de Steinmetz, entre Sarrebrück et
Sarrelouis, et une seconde armée, sous les
ordres du prince Frédéric-Charles, vers Kai-
serlautern et Hombourg ; enfin une troisième
armée, commandée par le prince royal, se
formait dans la Bavière rhénane, au nord de
la Lautern.

Sous l'impression des renseignements parvenus à ce sujet au quartier général, l'empereur jugea indispensable, le 5 août, de
répartir ses forces en deux groupes princi-
paux. L'un, destiné à opérer en Alsace, fut
formé des 1ᵉʳ, 5ᵉ et 7ᵉ corps, et placé sous le
commandement du maréchal de Mac-Mahon ;
le second se composait des 2ᵉ, 3ᵉ et 4ᵉ corps ;
il fut mis sous les ordres du maréchal Bazaine. En ce qui concernait les opérations

militaires, l'empereur se réservait la direction générale et le commandement direct de la garde.

L'armée de Lorraine dut prendre ce même jour, 5 août, et par ordre de l'empereur, les positions suivantes : le 4ᵉ corps, qui formait la gauche de l'armée, vint occuper Teterschen, Boulay et Boucheporn. Le 3ᵉ s'établit à Saint-Avold, Marienthal, Puttelange et Sarreguemines, où se trouvait la brigade Lapasset, du 5ᵉ corps. Le 2ᵉ corps, groupé en avant, dut se replier légèrement de Sarrebrück sur les hauteurs en arrière. La garde était en échelons sur la route de Metz ; l'arrivée du 6ᵉ corps était annoncée à Nancy pour les jours suivants ; quant au 5ᵉ corps, il devait se porter à Bitche et former la gauche de l'armée d'Alsace.

Le 5 août, le maréchal Bazaine prit possession de son commandement. Par suite des modifications apportées successivement au projet d'organisation de l'armée élaboré par le maréchal Niel, le maréchal Bazaine, chef désigné de l'armée de Lorraine, et qui, dans cette vue, avait été appelé précédemment au grand commandement de Nancy, s'était vu réduit au rôle de simple commandant de corps d'armée. Ce dut être une véritable déception pour lui. Toutefois, la décision du 5 août, qui lui donnait le commandement de trois corps d'armée en présence de l'ennemi, vint lui rendre en partie la haute position qu'il ambitionnait....

Peu de jours après, le 12 août, comme nous l'avons vu plus haut, cette haute position lui fut attribuée. A la suite des défaites de Mac-Mahon à Frœschwiller et de Frossard à Forbach-Spickeren, le maréchal Bazaine fut en effet investi du commandement en chef de l'armée du Rhin, qui allait devenir l'armée de Metz, et chargé de la direction générale des opérations militaires.

Mais, avant de commencer le récit de l'héroïque combat de Forbach-Spickeren et des autres opérations militaires qui précédèrent l'immobilisation de l'armée de Bazaine sous les murs de Metz, nous allons, dans le prochain chapitre, décrire en quelques lignes la ville bien française où a eu lieu le dénouement de ce sombre et douloureux drame, malheureuse cité qui a payé de la perte de sa nationalité les coupables erreurs de celui qui a été flétri par le conseil de guerre du Grand-Trianon et qui n'est plus connu que sous le nom du « traître Bazaine ».

II.

La ville de Metz et ses enfants les plus illustres.

Metz, située au confluent de la Seille et de la Moselle, à 316 kilomètres de Paris par la route nationale et à 392 par le chemin de fer, est une ville d'environ 55,000 habitants. Assiégée à diverses reprises et à différentes époques, elle avait jusqu'à l'année terrible repoussé toutes les attaques, et, avant 1870, était fière à bon droit d'être jusque-là demeurée invincible.

« Capitale des Médiomatrices, florissante sous les Romains, dit M. Th. Bachelet, Metz devint, après la conquête des Francs, la capitale du royaume d'Austrasie. Comprise, après Charlemagne, dans la Lorraine, elle fut reconnue, en 965, comme ville libre impériale. Elle se gouvernait en petite république, où la puissance résidait dans six familles, avec un maître-échevin, un conseil des Treize, et un grand conseil des prud'hommes. Ses évêques et les ducs de Lorraine l'obligèrent à lutter plusieurs fois pour son indépendance. En 1552, Metz, Toul, Verdun, et le territoire de ces trois villes *dites* les Trois-Evêchés, tombèrent au pouvoir de Henri II. Charles-Quint assiégea vainement Metz l'année suivante. En 1648, le traité de Munster confirma sa réunion à la France. »

A la suite de cette réunion, Metz et son territoire formèrent jusqu'en 1789 un des huit petits gouvernements du royaume. Il touchait vers le nord au duché de Luxembourg et à l'électorat de Trèves, et se trouvait entre les autres gouvernements français de Sedan, de Champagne, de Lorraine et d'Alsace.

Outre la ville, le territoire et l'évêché de Metz, ce petit gouvernement comprenait encore les prévôtés de Longwy, de Jametz, de Dun et de Stenay, le Luxembourg français, le duché de Carignan et le pays de la Sarre.

La Cathédrale de Metz.

Lorsque, par le décret du 17 janvier 1790, l'Assemblée constituante remplaça par 83 départements les anciennes divisions territoriales, la plus grande partie du petit gouvernement de Metz devint le département de la Moselle. Son ancien territoire est, depuis 1871, partagé entre le département français de Meurthe-et-Moselle et la province allemande d'Alsace-Lorraine, dont Metz fait partie.

On entre dans la ville de Metz par sept portes, dont la plus curieuse, celle dite *des Allemands,* construite au xv° siècle et restaurée en 1860, est surmontée d'une tour formant une espèce de château fort. La ville est grande et assez régulièrement bâtie. Sa cathédrale gothique, d'une construction élégante et hardie, est un édifice remarquable par ses dimensions et par sa légèreté. « Le portail du sud est surmonté d'une rose d'une délicatesse achevée et d'une dimension très remarquable.... Les magnifiques vitraux peints de la rose datent du xiv° siècle; ceux du chœur, de 1530. » Tous ces vitraux sont admirables. La cathédrale est surmontée d'une tour carrée dont la flèche, de 91 mètres de hauteur, est taillée à jour; elle renferme une cloche pesant *onze mille deux cent dix kilogrammes.* A l'ouest existe un autre portail, reconstruit au xviii° siècle, qui contraste

d'une façon fâcheuse avec le reste du monument, car il est d'ordre dorique.

Les plus curieuses des autres églises de
Metz sont : Saint-Maximin, des xie et
xiie siècles ; Saint-Eucaire et Sainte-Ségolène,
du xiiie ; Saint-Martin, construit du xiie au
xv[o] siècle ; l'église de l'ancienne abbaye de
Saint-Vincent, commencée en 1248 et classée
comme monument historique, etc. « L'Ora-
toire des Templiers, monument du xiie siècle,
à la citadelle, est bien conservé. On remarque
aussi dans la citadelle un beau réfectoire à
deux nefs voûtées en bois et ornées de pein-
tures du xiiie siècle. »

L'hôtel de ville est un bel édifice du siècle
dernier, ainsi que l'hôpital militaire (vaste
construction et l'un des plus beaux établissements de ce genre), et le palais de justice, où
l'on admire les belles rampes du grand esca-
lier. Le théâtre est de construction moderne.

Les quais de la Moselle, reliés entre eux
par quatorze ponts, sont curieux et animés.

Des vingt-sept places publiques de Metz
nous ne citerons que les plus remarquables :

La place d'Armes, ornée de la statue de
Fabert, par Etex ;

La place Sainte-Croix, dont toutes les
maisons reposent sur des aqueducs, des mu-
railles, des voûtes et des débris de construc-
tions romaines :

La place Saint-Louis, où existent encore plusieurs maisons crénelées des xv° et xvi° siècles ;

La place de la Comédie, qu'entoure la Moselle ;

La place Royale, la plus vaste de la ville.

L'Esplanade est une magnifique et charmante promenade, d'où l'on domine les environs et d'où l'on jouit d'une belle vue. La statue du maréchal Ney, par Pètre, y a été élevée en 1860.

Les remparts forment également une série de promenades fort pittoresques.

« Un aqueduc souterrain, long de quatorze à seize kilomètres, amène chaque jour à Metz dix mille mètres cubes d'eau empruntée aux sources de Gorze et se déversant dans deux réservoirs pouvant contenir ensemble seize mille mètres cubes; le plus vaste en renferme douze mille. »

Le musée de Metz possède près de deux cents tableaux, dont plusieurs sont des œuvres de maîtres, entre autres de Philippe de Champagne, David Téniers, Antoine Van Dyck, Rembrandt, Lesueur, Zurbaran, Titien, Largillière, Gabriel Metzu, Primatice, Lebrun, Corot, Greuze, Vernet, etc. Sa bibliothèque renferme trente mille volumes et de nombreux manuscrits. Au cabinet d'histoire naturelle, qui se trouve dans le même bâtiment, on remarque surtout une collection de deux mille oiseaux.

Le Jardin des Plantes de Metz et ses belles pépinières étaient autrefois dignes d'être cités.

L'Ecole d'application d'artillerie et du génie, qui a été transportée à Fontainebleau en 1871, était, avant la guerre, installée à Metz dans l'ancienne abbaye de Saint-Arnould ; elle possédait de précieuses collections de modèles et le ballon qui, à la bataille de Fleurus, en 1794, servit à reconnaître les positions de l'armée ennemie. Elle possédait également une riche bibliothèque, qui a été transportée à Berlin par les Prussiens.

Metz est le siège d'un évêché, d'une église consistoriale et d'un consistoire israélite.

« Quand Metz était française, elle avait une cour d'appel, des tribunaux de première instance et de commerce, une bourse et une chambre de commerce, des succursales de la Banque de France et du Crédit foncier. C'était le chef-lieu d'une division militaire, d'une légion de gendarmerie et d'un arrondissement forestier.... On y voyait encore beaucoup d'autres établissements, tels que Lycée, Ecole normale primaire, Ecoles de dessin et d'enseignement industriel, une Ecole de musique, succursale du Conservatoire de Paris ; une Académie des lettres, sciences et arts ; des Sociétés des sciences médicales, d'histoire naturelle, etc. »

L'industrie est représentée à Metz par des fabriques de grosse draperie, broderies sur mousseline, papiers peints, flanelles, molletons, couvertures de laine, toiles, bonneterie, mercerie, peluches, colle-forte, toiles cirées, velours et soieries, brosses et pinceaux de crin, toiles métalliques, étrilles, enclumes, clouterie, étaux, chapeaux, instruments de musique, bimbeloterie, imagerie.

On y trouve également des filatures de coton et de laine, des teintureries, des tanneries, des mégisseries, une poudrerie, des fonderies et des forges, des fabriques de machines à vapeur et de meubles en fer pour jardins.

Metz est le siège d'un commerce actif de fers, bois, bière, vins et eaux-de-vie. Ses confitures jouissent d'un renom mérité.

Place de guerre de première classe, avec citadelle, ouvrage de Vauban et de Belle-Isle, Metz, outre son Ecole d'application de l'artillerie et du génie, possédait une Ecole d'artillerie dont la création remontait à 1827. Son arsenal, situé dans le retranchement de Guise — ouvrage de défense remontant au XVIe siècle — renfermait des ateliers de menuiserie, de charronnage, des forges et de vastes magasins de canons, de projectiles, de fusils et d'armes blanches. L'arsenal du génie avec ses magasins était non moins bien outillé et pourvu.

Outre son enceinte fortifiée, Metz possédait des moyens de défense considérables dans les forts dont elle était entourée; aussi jamais une armée ennemie ne serait parvenue à la faire capituler si elle n'avait été défendue que par une garnison ordinaire; mais les deux cent mille soldats de Bazaine ayant contribué dans une large part à épuiser les approvisionnements de bouche de la place, ce fut à leur présence sous ses murs qu'elle dut d'être contrainte d'ouvrir ses portes à l'ennemi.

Deux de ses forts, le fort Belle-Croix et le fort Moselle, construits par Carmontaigne, existaient déjà lorsque, en 1866 et 1868, fut entreprise la construction de quatre forts nouveaux, ceux des Carrières, sur la côte de Plappeville, du Mont-Saint-Quentin, de Saint-Julien et de Queuleu. Cet ensemble de forts faisait de cette place un vaste camp retranché que rendaient plus formidable encore des écluses pour les manœuvres d'eau établies sur la Moselle et sur la Seille.

L'ensemble des fortifications de la place n'était point, au moment de la déclaration de guerre, aussi complet et parfait que l'avait

projeté le maréchal Niel; car c'était à lui
qu'était dû le perfectionnement des défenses
de Metz. Son projet comportait six nouveaux
forts, et les quatre seulement que nous venons de nommer étaient ou terminés ou dans
un état assez avancé pour pouvoir être immédiatement utilisés et armés : les travaux
des deux autres (l'un au nord, à Saint-Eloi,
et l'autre au sud, à Saint-Privat) étaient à
peine commencés.

Toutefois, les forts de Plappeville et de
Saint-Quentin, à l'ouest de Metz (à 3,500 et
2,500 mètres de l'enceinte fortifiée), taillés
dans le roc vif, étaient tous deux à peu près
terminés et armés; le commandant d'artillerie Duchêne et le chef de bataillon du génie
Lecoispellier avaient reçu le commandement
de chacun de ces forts. Les travaux des deux
autres nouveaux forts de Queuleu et de
Saint-Julien, situés chacun à une distance
de 2,500 mètres, qui n'avaient été commencés qu'en 1868, n'étaient pas aussi avancés;
et leur armement n'était même pas commencé. Mais, grâce à l'activité du général du
génie Fournier et de chacun des commandants qui leur furent attribués (le colonel
du génie Merlin et le lieutenant-colonel d'artillerie Protche), « Queuleu, le plus grand
des forts autour de Metz, avait en batterie, à
la date du 14 août, soixante-dix-neuf pièces,

le Saint-Julien vingt-sept, et, ce jour-là, ces deux forts recevaient les premiers obus ennemis, sans éprouver le moindre dommage. »

Metz, allemande depuis 1871, est la patrie de plusieurs Français illustres ou célèbres. Nous citerons, entre autres : le philologue Le Duchat; le physicien Pilâtre de Rozier; Barbé-Marbois, diplomate et homme politique; les deux Lacretelle, qui furent tous les deux membres de l'Académie française; Fabert, le héros des armées de la monarchie; les généraux Custine, Lasalle, Poncelet et Paixhans.

Saluons tous ces Français nés dans une ville violemment arrachée à la mère-patrie, et rappelons en quelques lignes ce qu'ils firent et ce qu'ils furent.

D'abord Fabert, l'héroïque Fabert, dont le patriotisme était aussi grand que le courage, comme le prouvent les belles paroles de ce brave gravées sur le piédestal de sa statue :

« Si, pour empêcher qu'une place que le roi m'a confiée ne tombât entre les mains de l'ennemi, il fallait mettre à une brèche ma famille, ma personne et mon bien, je n'hésiterais pas un instant. »

Ainsi répondait à ses parents blâmant sa prodigalité Fabert, qui, nommé gouverneur de Sedan en 1641, payait de ses deniers une partie des dépenses faites pour augmenter les fortifications de cette ville.

Le maréchal FABERT.

Abraham de Fabert naquit à Metz le 15 oc-

tobre 1599. Toute sa famille était d'origine
lorraine. Son père et son grand-père étaient
imprimeurs. Lui, se fit soldat à quatorze ans,
et, à force d'héroïsme et d'actions d'éclat, finit
à la longue par conquérir ses premiers grades
et par obtenir le brevet de capitaine d'une
compagnie des gardes; car il était de petite
et récente noblesse, et l'on sait que les grades
de l'armée étaient alors l'apanage presque
exclusif des descendants de la vieille noblesse

Fabert s'était déjà signalé en 1627 au siége
de la Rochelle et en 1629 à la prise de Suse,
lorsque, en 1635, dans la retraite de l'armée
française que l'on a comparée à celle des
Dix-Mille de Xénophon, Fabert montra une
intelligence hors ligne et contribua à sauver
les débris de cette armée qui avait échoué
devant Mayence.

Après avoir pris part aux sièges de Saverne (1636) et de Landrecies (1637), Fabert
passa en Savoie et dirigea ceux de Chivas et
de Turin (1640). Pendant ce dernier siège, il
fut grièvement blessé à la jambe. Comme les
chirurgiens déclaraient indispensable de pra-
tiquer promptement l'amputation de la jambe
fracassée, ce qui l'eût obligé à renoncer pour
toujours à la carrière des armes, Fabert re-
fusa énergiquement de leur laisser faire une
opération qui l'aurait laissé sans but dans
la vie, leur disant :

« Non, non, il ne faut pas mourir par
pièces : la mort m'aura tout entier ou n'aura
rien, et peut-être lui échapperai-je.... »

De retour en France, il se trouva à la bataille de la Marfée (1641). Puis, en 1642, « il
contribua grandement à nous assurer la possession de Collioure, de Perpignan, et depuis
lors le Roussillon nous est resté. Louis XIII
avait Fabert en grande estime, l'ayant vu à
l'œuvre; mais le brave officier ne fut nommé
maréchal de camp (grade qui équivaut à celui
de général de brigade) qu'après la guerre
d'Italie (1646), et par Mazarin, » pendant la
minorité de Louis XIV. Dans cette guerre, il
s'était emparé de Porto-Longone et de Piom-
bino.

Pendant les troubles de la Fronde, sur-
venus à la suite de l'avènement du jeune roi,
Fabert demeura constamment fidèle à la cour.
Il prit Stenay en 1654, sous les yeux de
Louis XIV, qui, pour le récompenser de ses
longs services, le nomma maréchal de
France.

Son désintéressement, son humanité,
même à l'égard des ennemis, étaient aussi
remarquables que ses talents militaires. C'est
à Fabert qu'est due l'invention des *parallèles*
et des *cavaliers* de tranchée pour le siège des
places.

Peu de mois avant sa mort, survenue

en 1662, Fabert, dit M. A. Levray, « apprit
que le roi lui proposait le collier de ses ordres.
Il fallait certains titres de noblesse que Fabert
ne possédait pas, étant d'une famille récemment anoblie, mais on ne devait pas y regarder de trop près. L'homme de cœur et de
bon sens répondit que pour une décoration
il ne déshonorerait point son nom par une
imposture. Louis XIV, ne pouvant passer
outre, lui écrivit :

« Votre refus, monsieur le maréchal, vous
vaut à mes yeux plus de gloire que le collier
n'en vaudra jamais à ceux qui le recevront
de moi. »

C'est comme philologue que s'est fait un
nom l'avocat J. Le Duchat, né à Metz
en 1658 et mort en 1735 à Berlin, où il s'était
retiré en 1700. Il a publié, avec notes grammaticales et historiques, des éditions de
divers ouvrages qui sont encore fort estimées
aujourd'hui, entre autres celles de la *Satire
Ménippée* en trois volumes et de *Rabelais* en
six volumes.

Quant à Jean-François Pilâtre de Rozier,
tout le monde connaît sa fin tragique, qui a
illustré son nom au début de la découverte
des aérostats. Né en 1746, il avait débuté
dans la vie en entrant, comme aide, chez un
apothicaire de sa ville natale. Puis « il alla
étudier à Paris les mathématiques, la phy-

sique, l'histoire naturelle et la chimie. Il professa quelque temps cette dernière science à Reims, fut intendant des cabinets d'histoire naturelle et de physique de Monsieur (depuis Louis XVIII), se passionna pour la découverte des frères Montgolfier, fit plusieurs ascensions en aérostat, une entre autres avec le marquis d'Arlandes, le 21 octobre 1783, mais périt en 1785 par l'incendie de son ballon en voulant traverser la Manche, de Boulogne en Angleterre. »

Le marquis François de Barbé-Marbois, né à Metz en 1745, était entré, avant la Révolution, dans la diplomatie au service de la monarchie et avait successivement occupé les emplois de secrétaire de légation et de chargé d'affaires auprès de diverses cours de l'Europe. Après avoir été en dernier lieu consul général aux États-Unis, puis intendant de Saint-Domingue, il fut désigné, en 1791, pour accompagner M. de Noailles auprès de la Diète de l'Empire à Ratisbonne et à Vienne.

Pendant toute la durée de la Terreur, le marquis de Barbé-Marbois se tint éloigné des affaires; puis, en 1795, il devint maire de Metz et fut élu membre et président du Conseil des Anciens; mais il n'occupa pas longtemps ces diverses fonctions électives; car, après le 18 fructidor, il fut déporté à

Cayenne et à Sinnamary, en Guyane, et ne rentra en France qu'en 1800.

Entré au Conseil d'Etat sous le Consulat, il fut nommé par Napoléon Ier président de la cour des comptes en 1808 et sénateur en 1813; mais il n'en conserva aucune reconnaissance à l'empereur. En effet, « l'année suivante, il vota la déchéance de l'empereur et devint pair de France. Forcé de quitter Paris pendant les Cent-Jours, il fut, en 1815, ministre de la justice, combattit les excès de la réaction royaliste, et reprit, en 1816, ses fonctions à la cour des comptes. Il eut sa retraite en 1834. » Il mourut en 1837.

Le marquis de Barbé-Marbois était membre de l'Académie des inscriptions; il a publié une *Histoire de la Louisiane* et divers mémoires sur les finances, l'économie rurale et les prisons.

Pierre-Louis Lacretelle—Lacretelle l'Aîné, comme on le désigne d'ordinaire — naquit a Metz en 1751. Après avoir terminé ses études de droit, il se fit recevoir avocat au barreau de Paris en 1778, mais ne rechercha point les succès oratoires. A la réputation de l'avocat il préféra la célébrité de l'écrivain que lui valurent différents travaux philosophiques, qui le firent entrer à l'Académie française, où il succéda à La Harpe en 1802. Il a laissé de nombreux mélanges sur la logique, la métaphysique et la morale, qui formèrent ses œuvres complètes, dont la publication fut commencée en 1823.

Le premier succès de Lacretelle l'Aîné, qui s'était lié à Paris avec les encyclopédistes, date de 1784, année où son *Discours contre les peines infamantes* fut couronné par l'Académie de Metz. Deux ans plus tard, le même travail obtint le prix Montyon à l'Académie française.

« Dévoué à la Révolution, il essaya de la modérer, fut député suppléant à l'Assemblée constituante, membre de la Législative, et vécut dans la retraite pendant le règne de la Convention. »

Sous le Consulat, en 1801, Lacretelle l'Aîné était entré au Corps législatif ; mais, fidèle à ses principes et à ses convictions républicaines, il ne voulut rien accepter de l'Empire ni de la Restauration. Il consacra dès lors le reste de sa vie à des travaux littéraires et à des articles de polémique dans le *Mercure de France* et dans la *Minerve*, dirigés contre le gouvernement de Louis XVIII, quand celui-ci eut succédé à Napoléon Ier. Il mourut à Paris en 1824.

Jean-Charles-Dominique Lacretelle — surnommé Lacretelle le Jeune, pour le distinguer du précédent — né en 1766, ne montra pas la même fidélité que son aînée aux idées

républicaines, mais fit, comme lui, partie de
l'Académie française, où il remplaça Esmé-
nard en 1811. Ce fut surtout comme publi-
ciste et comme historien qu'il acquit la
grande célébrité dont il a joui durant toute la
première partie du siècle : sa réputation ne
lui a pas survécu. Notre époque le juge
comme Napoléon Ier, qui disait de lui :
« Beaucoup de phrases et peu de couleur;
point de résultats; il est académique et nullement historien. » Après avoir rappelé ce
mot de l'empereur, M. Th. Bachelet ajoute
que, « comme historien, Lacretelle se recom-
mande plus par une certaine habileté d'ar-
rangement que par la profondeur, » et que,
« en ce qui concerne la période révolutionnaire, acteur ou spectateur intéressé, il a été
souvent pamphlétaire. »

Outre son *Histoire de France pendant le
xviiie siècle*, Lacretelle le Jeune a en effet
spécialement publié, d'abord un *Précis historique de la Révolution française,* qui embrasse les
événements depuis l'Assemblée législative
jusqu'à la fin du Directoire exécutif, puis
une *Histoire de la Révolution française* en huit
volumes.

Comme presque tous les auteurs de cette
époque, Lacretelle avait débuté par écrire à
Metz une tragédie, *Caton d'Utique*, qui ne fut
jamais représentée. Dès son arrivée à Paris,

en 1787, il se lança dans le journalisme, écrivit successivement au *Journal des Débats de l'Assemblée constituante* et au *Précurseur*, et « montra dès le début les qualités qui l'ont toujours distingué, la netteté de l'esprit et l'élégance du style. » Proscrit par la Convention, il demeura deux ans emprisonné après le 18 fructidor.

Lacretelle le Jeune fut nommé en 1801, sous le Consulat, membre du bureau de la presse ; puis, successivement, censeur dramatique dès le début de l'Empire, professeur-adjoint à la Faculté des lettres de Paris en 1809, et professeur titulaire en 1812. Il fut l'un des premiers à se rallier aux Bourbons dès leur premier retour en 1814.

Dans sa vieillesse, il publia, en 1840, son *Testament politique et littéraire*, et l'*Histoire de l'Abbaye de Cluny* peu de temps avant sa mort, qui survint en 1855.

« Brave dans les combats, Custine était peu propre au commandement d'une armée. » Cette inaptitude à commander en chef fut la cause des diverses accusations portées contre le vaillant Messin à une époque où un général d'armée n'avait pas le droit d'être vaincu, et finalement de sa mort.

Le comte Adam-Philippe de Custine, né en 1740, était dès 1758 capitaine de dragons. Il fit partie de l'expédition envoyée par

Louis XVI en Amérique au secours des colons anglais révoltés contre la métropole, se distingua en plusieurs rencontres, et, à son retour, fut nommé maréchal de camp, c'est-à-dire général de brigade, et gouverneur de Toulon.

« Député de la noblesse aux états généraux de 1789, dit M. J. Travers, il appuya les idées nouvelles. Appelé en 1792 à commander un corps d'armée sur le Rhin, il ne justifia point la réputation qu'il s'était faite en Amérique. Après avoir pénétré en Allemagne jusqu'au delà de Francfort, il se retira devant les Prussiens jusqu'en Alsace. Accusé devant la Convention, il triompha trois fois de ses dénonciateurs. Envoyé à l'armée du Nord, il en fut rappelé pour être traduit devant le tribunal révolutionnaire, qui le condamna à mort et le fit exécuter le 28 août 1793. »

Antoine-Charles-Louis Collinet, comte de Lasalle, né en 1775, fut un des plus brillants officiers de cavalerie de la République et du début de l'Empire. Arrière-petit-fils de Fabert, il tenait de son aïeul une bravoure que rien ne parvenait à déconcerter. Il était déjà entré au service dans le régiment d'Alsace lorsque éclata la Révolution. Au moment de la déclaration de la patrie en danger, il s'engagea comme simple chasseur à cheval dans l'armée du Nord, puis passa dans celle d'Italie, où il fut fait prisonnier.

« Conduit au vieux feld-maréchal Wurmser et interrogé par ce dernier sur l'âge qu'avait le général Bonaparte : *Celui de Scipion quand il vainquit Annibal*, répondit fièrement Lasalle. Sa captivité dura peu, et il put prendre part à la bataille de Rivoli, où il se fit remarquer. Il suivit Bonaparte en Egypte, gagna le grade de colonel à la bataille des Pyramides, fit la seconde campagne d'Italie (1800-1801), devint général de brigade en 1804, prit la part la plus glorieuse à la campagne d'Allemagne en 1805, fut nommé général de division en 1806, partit pour l'Espagne en 1808, et contribua aux victoires de Médina-del-Rio-Secco, de Burgos et de Medelin ; puis, rappelé en Allemagne, où il commanda la cavalerie de l'avant-garde, il s'illustra à Raab, à Essling et à Wagram, où il fut tué (1809). Lasalle, mort jeune encore, se distinguait par un coup d'œil prompt et sûr, et par une vigueur intrépide qui décidait le succès. » (DÉZOBRY et BACHELET.)

Le général d'artillerie Henri-Joseph Paixhans, né en 1783 — l'inventeur des canons-obusiers qui portent son nom et qui s'emploient avec avantage sur les vaisseaux et dans les sièges — fit, lui aussi, toutes les guerres du premier Empire, après sa sortie de l'Ecole polytechnique. Sous la Restauration, il publia divers ouvrages techniques (*Considérations sur l'artillerie; Nouvelle force maritime; Force et faiblesse de la France*), et sous le gouvernement de Louis-Philippe fut député du département de la Moselle. Il mourut en 1854.

L'illustre géomètre Jean-Victor Poncelet, né en 1788, appartint également à l'armée et y fit une brillante carrière. Reçu à dix-neuf ans à l'Ecole polytechnique, il entrait trois ans après à l'Ecole d'application d'artillerie de sa ville natale. Il fit toute la campagne de Russie en qualité de lieutenant du génie dans le corps du maréchal Ney et fut fait prisonnier pendant la retraite. Envoyé à Saratof, sur le Volga, il se livra dans cette ville, pour tromper les ennuis de la captivité, « sans livres, sans secours d'aucune sorte, à des recherches sur la géométrie descriptive. Rentré en France à la paix de 1814, il fut nommé professeur de mécanique à l'Ecole d'application d'artillerie de Metz. »

A partir de cette époque, Poncelet se voua surtout à l'enseignement, mais sans abandonner l'armée. Colonel du génie en 1845, il fut nommé général de brigade en 1848 et commanda en cette qualité l'Ecole polytechnique de 1848 à 1850.

Elu membre de l'Institut en 1834 à la suite

de la publication de divers travaux et mémoires sur la géométrie fort remarqués,
Poncelet avait, à cette époque, déjà quitté
l'Ecole d'artillerie de Metz pour venir pro-
fesser la mécanique à la Faculté des sciences
de Paris et au Collège de France. A dater de
ce moment, et presque jusqu'à sa mort, survenue en 1867, il ne cessa de publier sur la
géométrie et sur la mécanique des mémoires
et des ouvrages qui ont rendu son nom
illustre dans tout le monde scientifique, et
qui furent parfois d'une grande utilité à
l'industrie.

En effet, « les sérieux travaux de Poncelet
sur l'hydraulique ont rendu de grands services à l'industrie, particulièrement par une
roue à aubes courbes qui porte son nom....
On a dit de Poncelet qu'il fut un des plus
éminents représentants de cette école de géométrie que l'on pourrait appeler l'Ecole de
Monge. »

Ajoutons que sa ville natale avait, en 1848,
envoyé Poncelet comme député à l'Assemblée constituante, et que, en 1855, il fut
chargé de présider à Londres la commission
scientifique française de l'Exposition univer-
selle de cette capitale.

Enfin, pour terminer ce chapitre consacré
à Metz et à ses gloires, une courte mention
semble due au maréchal Ney, bien que

l'héroïque Lorrain ne soit pas un véritable
enfant de Metz ; mais il a été pour ainsi dire
adopté par elle, puisqu'une statue lui a été
élevée sur la promenade de l'Esplanade : il
est né d'ailleurs tout auprès, à Sarrelouis,
en 1769.

Michel Ney — *le brave des braves*, comme
l'avaient surnommé ses soldats — s'est
illustré par son courage et ses talents militaires dans toutes les guerres de la République et de l'Empire ; il fut constamment
héroïque durant toute la retraite de Russie.
Napoléon le fit duc d'Elchingen, prince de la
Moskowa, maréchal de France. Désireux de
se l'attacher, Louis XVIII le créa pair de
France dès sa première rentrée à Paris
en 1814 ; mais, aux Cent-Jours, le brave Ney
se déclara pour son ancien chef et, à la
deuxième Restauration, il fut arrêté et déféré
à la Chambre des Pairs, qui le condamna à
mort. Ney fut fusillé en 1815, à Paris, auprès
de l'Observatoire, non loin de l'endroit où se
dresse maintenant sa statue.

III.

Forbach-Spickeren

(6 août.)

Nous avons vu, dans le premier chapitre,
que, pendant que les troupes allemandes se
massaient en trois fortes armées, les soldats
français, au contraire, avaient été espacés
en sept faibles corps disséminés en Alsace
et en Lorraine.

Les trois fortes armées allemandes con-
centrées sur la frontière étaient commandées :

La première, par le roi Guillaume en
personne, sur la Sarre ;

La deuxième, par son neveu Frédéric-
Charles, à Mayence ;

La troisième, composée des troupes de
l'Allemagne du Sud, par le prince royal de
Prusse, à Rastadt.

Quant à l'armée française, forte à peine de

240,000 hommes, les sept corps qui la composaient furent disséminés depuis la Moselle jusqu'à Belfort.

Trois, commandés par le maréchal Bazaine, les généraux Frossard et Ladmirault, étaient en Lorraine.

Deux autres, sous les ordres du maréchal de Mac-Mahon et du général Félix Douay, étaient en Alsace entre Strasbourg et Belfort.

Un 6ᵉ corps, confié au général de Failly, et destiné à relier entre elles les troupes d'Alsace et de Lorraine, se tenait auprès de Bitche.

Le 7ᵉ corps servait d'escorte à l'empereur et au général Lebœuf, major général de l'armée, auprès de Metz.

Un 8ᵉ corps avait été laissé en réserve à Châlons, sous les ordres du maréchal Canrobert.

Ce fut dans ces conditions désastreuses que les généraux Frossard et Abel Douay reçurent l'ordre de franchir la frontière.

Le 2 août, Frossard entra à Sarrebrück, mais ne tarda pas à constater que les masses allemandes qu'il avait en face de lui interdisaient à sa faible troupe de persister dans l'offensive; en conséquence, deux jours après, il se replia sur Forbach pour y attendre des renforts, qu'il demanda en toute hâte à Bazaine et à Ladmirault.

On sait que, le 4 août, le corps du général

Le général DOUAY.

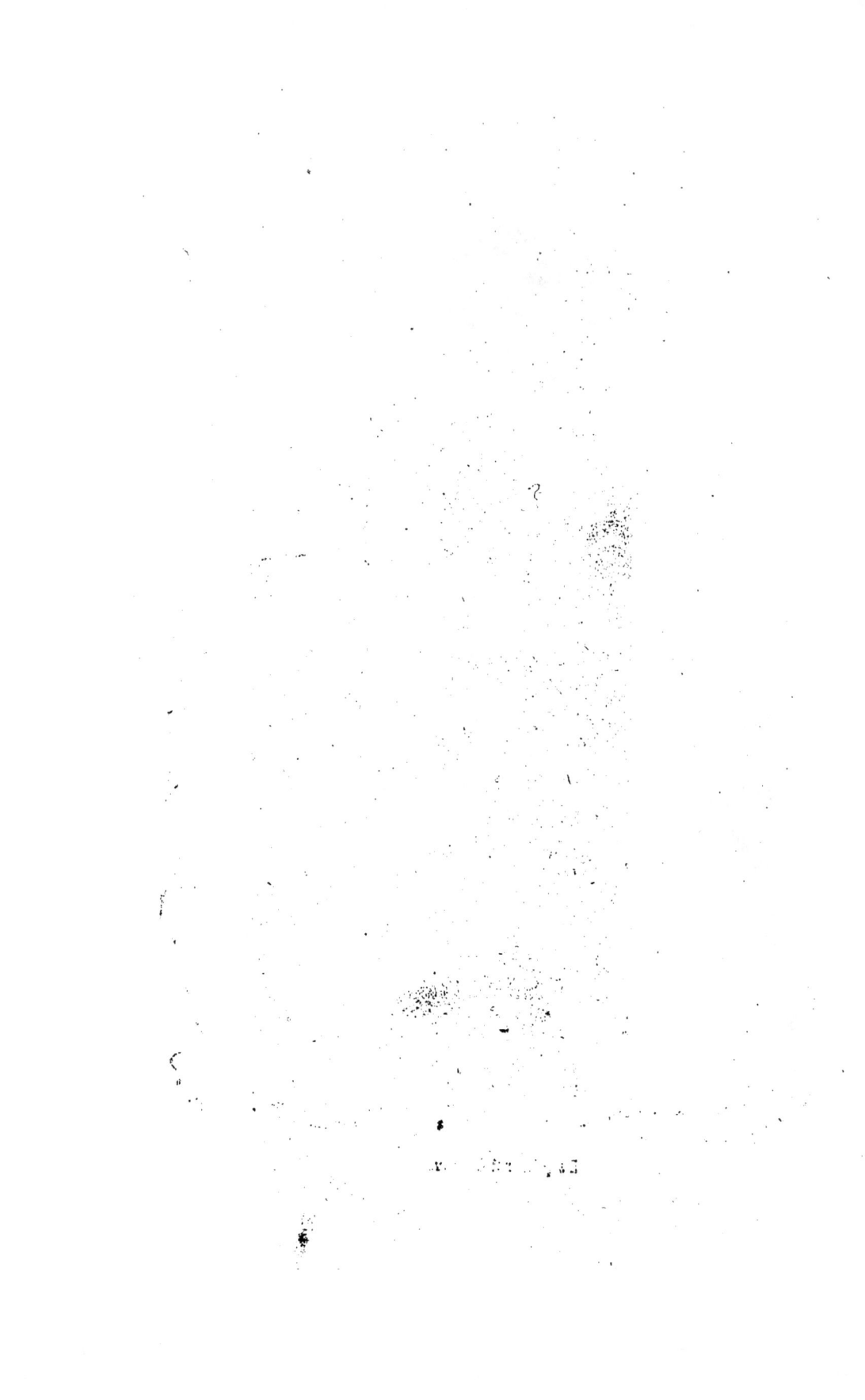

Abel Douay, surpris par le prince royal, fut
écrasé à Wissembourg, où le général se fit
tuer à la tête de ses soldats.

Le surlendemain, 6 août, la première
armée allemande, après avoir à son tour
occupé Sarrebrück, attaqua Frossard entre
Forback et Spickeren, et, malgré les prodiges
de valeur de nos soldats qui luttaient un
contre trois, contraignit à se mettre en retraite sur Metz le général français, qui, malgré ses pressants appels, n'avait reçu aucun
secours efficace des autres corps de l'armée
de Lorraine; et cependant Bazaine entendit
toute la journée le bruit du canon.

Ce fut ainsi que, en deux jours, l'Alsace et
la Lorraine se trouvèrent ouvertes à l'ennemi
et furent aussitôt envahies.

Le terrain sur lequel s'engagea le combat
de Forbach affecte, entre Sarrebrück, Saint
Avold et Sarreguemines, dit le général Serré
de Rivière, la forme d'un triangle en saillie
dans le territoire allemand, ayant pour som-
met Sarrebrück, point de débouché probable
de l'ennemi, en arrière duquel était massé
le 2e corps. La base du triangle était formée
par la route de Saint-Avold à Marienthal, à
Puttelange et à Sarreguemines.

Entre Forbach et Sarreguemines s'étend,
à peu près parallèlement à la base de ce
triangle, la belle position des hauteurs de

Cadenbronn, qui commandait le cours de la
Sarre et celui de la grande Rosselle, également à portée des positions du 2e corps,
avant-garde de l'armée du maréchal Bazaine,
et du 3e corps, placé sous ses ordres directs. Cette position de Cadenbronn, reconnue en grand détail, en 1867, par le général
Frossard, avait été signalée par lui depuis
longtemps au maréchal. Elle présentait à ce
moment un intérêt tout particulier, par la
protection qu'elle assurait aux grands magasins de vivres préparés à Forbach et à Sarreguemines, dans l'hypothèse d'une guerre offensive, et que le moindre mouvement en arrière
devait faire tomber aux mains de l'ennemi.

En présence des renseignements qui arrivaient sur la concentration et le voisinage
des forces ennemies, le général Frossard,
justement inquiet de la situation avancée
qu'il occupait à Sarrebrück, télégraphiait, le
5 août, à l'empereur qu'il se trouvait un peu
en flèche, et que le 2e corps serait beaucoup
mieux sur les plateaux de Forbach à Sarreguemines. Il lui fut répondu d'avoir à reporter
le lendemain son quartier général à Forbach.

Ce fut dans l'après-midi de ce jour (5 août)
que le général fut placé sous le commandement du maréchal Bazaine, auquel il rendit
compte immédiatement de l'ordre qu'il venait de recevoir.

Le 5 août, à dix heures du soir, une dépêche du major général signalait des mouvements considérables de l'ennemi entre
Sarrebrück et Sarrelouis, et prescrivait la
plus grande vigilance.

Le 6 août, à quatre heures quarante minutes du matin, nouveau télégramme du
major général au maréchal Bazaine et au
général Frossard, ordonnant de se tenir prêts
à une attaque sérieuse, qui pourrait avoir
lieu le même jour; deux heures après, la
garde, ainsi que la division Fortou, sont
mises sous les ordres du maréchal.

Le petit mouvement en arrière du 2ᵉ corps,
commencé le 5 au matin, avait été complété
pendant la nuit, et les troupes étaient bien
établies sur leurs nouvelles positions : la
division Lavaucoupet à Spickeren, la division Vergé dans la vallée en avant de Styring, et la division Bataille en réserve à
Aetingen, lorsque se dessina, le 6 au matin,
le mouvement offensif de l'ennemi. Le général Frossard télégraphie au maréchal Bazaine :

« J'entends le canon à mes avant-postes;
je vais m'y porter; ne serait-il pas bien que
la division de Montaudon envoyât de Sarreguemines une brigade vers Grossbliederstroff,
et que la division Decaen se portât vers
Merlebach et Rosbrück? »

A dix heures six minutes, nouveau télégramme du général Frossard :

« L'ennemi a fait descendre des hauteurs
de Sarrebrück vers nous de fortes reconnaissances; mais il ne prononce pas encore
son mouvement d'attaque. Nous avons pris
nos mesures sur le plateau et sur la route. »

Presque aussitôt après, le général commu-
nique au maréchal l'avis qu'il reçoit d'un
mouvement de l'ennemi sur Rosbrück, et le
maréchal lui répond qu'il envoie là la brigade
des dragons de Juniac.

Le moment est venu ou de recevoir le
combat de pied ferme ou de se replier pour
aller attendre l'ennemi sur la position de
Cadenbronn. Le général Frossard recule devant la pensée d'abandonner sans coup férir
Forbach et les approvisionnements considérables qui s'y trouvent accumulés dans la
gare : au lieu de se reporter en arrière, il
reste sur place et attend l'ennemi.

Celui-ci se présente aussitôt : c'est le 39ᵉ de
ligne prussien, qui, malgré notre feu d'artillerie et les balles de nos chasseurs à pied,
tente courageusement de gravir les pentes
de l'escarpement du plateau de Spickeren. Il
est forcé de s'arrêter à mi-route; mais le
combat est engagé et il va se poursuivre avec
acharnement jusqu'à la nuit, — de deux côtés
à la fois : dans la plaine, à Styring et à

Épisode de la bataille de Forbach.

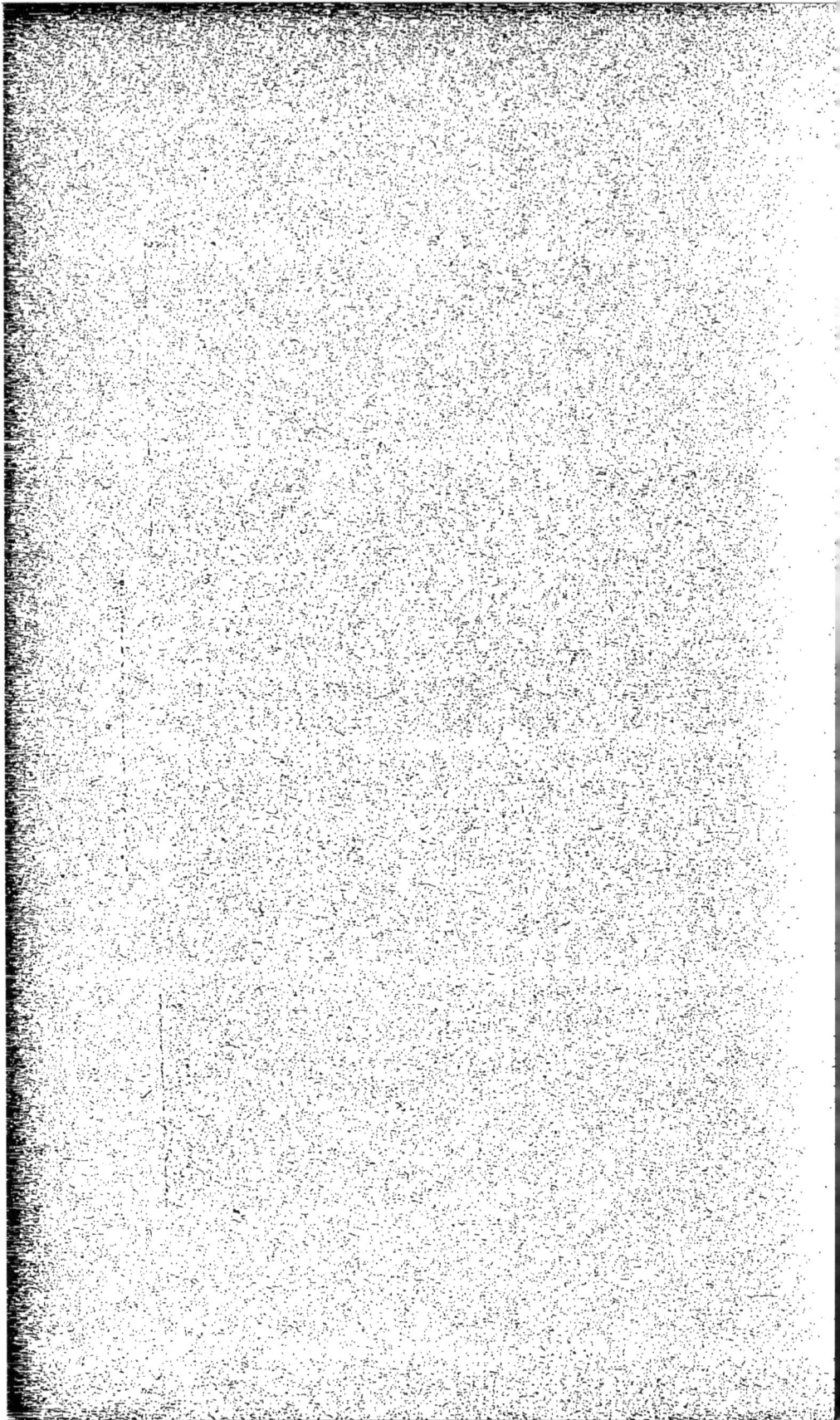

Forbach, et sur les plateaux de Spickeren. Jusqu'au soir, ce fut une continuelle alternative de succès et d'échecs pour les deux armées.

Vers midi, les Allemands étaient repoussés sur tous les points, mais n'étaient contenus en face de Spickeren que par trois bataillons français. Quelques heures plus tard, grâce aux renforts reçus par nos ennemis, tandis que nos valeureux soldats n'étaient pas secourus, la situation avait changé, et les nôtres étaient contraints d'aller se réorganiser sur un autre plateau en arrière de Spickeren.

Vers cinq heures, une nouvelle masse de 35,000 Prussiens accourt à pas précipités prendre part à l'action. Malgré l'énorme disproportion des forces engagées, nos soldats ne faiblissent point; ils se multiplient pour faire face à leurs ennemis. En première ligne, le commandant Schenck et son bataillon, le 11e chasseurs à pied, se battent héroïquement; quand les munitions manquent, on s'élance à la baïonnette, et l'on fait de larges trouées dans les rangs des assaillants.

La bataille dura ainsi sur les hauteurs jusqu'à neuf heures du soir. A dix heures et demie seulement, nos soldats épuisés commencèrent leur mouvement de retraite. Pendant douze heures, dix mille Français environ avaient tenu en échec près de vingt-deux mille Prussiens qui n'avaient cessé de cher-

cher à les en déloger. Ils auraient encore pu
continuer à se maintenir à Spickeren si des
renforts sérieux leur avaient été envoyés à
temps, comme il avait été possible de le faire.

Voyons maintenant ce qui s'était passé
dans la plaine.

Sur la gauche des plateaux de Spickeren,
dans un vallon traversé par la voie ferrée et
la route de Forbach à Sarrebrück, est situé
le petit village de Styring-Wendel, qui ferme
la trouée formée par cette dépression de terrain. Le général Frossard avait résolu d'occuper ce point et de le défendre, pour sauve-
garder Forbach et les grands approvisionnements que nous y avions accumulés; il y
laissa une brigade, celle du général Jolivet,
pour le défendre. Celle-ci fut attaquée le 6
par une colonne prussienne d'une dizaine de
mille hommes venue à travers bois; mais
l'infanterie ennemie ne s'engagea à fond que
vers une heure de l'après-midi.

Les Prussiens furent d'abord repoussés
avec une telle vigueur par nos braves soldats
de ligne et nos admirables chasseurs à pied,
qu'un de leurs régiments, le 39e, fut décimé
de telle sorte, que, à la fin de la journée, il
était réduit à six officiers et à cent cinquante
hommes.

Mais là, comme sur les plateaux, les renforts continuellement reçus par nos ennemis

empêchèrent les nôtres de poursuivre leur premier succès. Il leur fallut, durant toute la journée, disputer le terrain pied à pied en restant presque à découvert, tandis que leurs adversaires se maintenaient soigneusement abrités dans les bois.

« A quatre heures, lisons-nous dans le fort intéressant et très complet ouvrage de M. Dick de Lonlay (1), nous sommes débordés; aucun renfort ne vient secourir la malheureuse brigade Jolivet; nos bataillons s'éclaircissent de plus en plus. Les leurs, fatigués, se replient et sont remplacés par d'autres; il en arrive toujours.

« Les quelques pièces de canon qui nous soutiennent n'apportent aucun secours, car les obus se perdent à travers le bois. La lutte continue d'homme à homme.

« Les Prussiens, debout, cachés derrière les troncs d'arbres, attendent posément, visent bien avant de tirer, et reculent rapidement d'un arbre à l'autre; d'autres, à l'affût, sont couchés à plat ventre.

« Nos braves troupiers courent dans les fossés, filent dans les ornières comme des lapins, tirent sans cesse sur tout ce qui paraît. Quelquefois ils s'avancent vers ces sombres fourrés, la baïonnette basse, le front haut,

---

(1) *Français et Allemands.* — Garnier frères, éditeurs à Paris.

et abordent à l'arme blanche l'ennemi, qui riposte à coups de crosse. On ne se bat plus, on s'éventre, on s'assomme. Lorsque nos soldats, décimés, dispersés, reculent, les Allemands se reforment en ligne et les écrasent sous le nombre.

« Rien ne vient. Les détachements dispersés, tourbillonnant sous ce feu enragé, se dévouent pour protéger la retraite. Une section de chasseurs à pied, commandée par le lieutenant Gauvain, se rejette encore une fois sur le bois; une poignée d'hommes! Ils ont brûlé leurs dernières cartouches.

« *A la baïonnette !* crie cet officier. C'est folie, nos chasseurs le savent, avec l'arme nouvelle. Ils foncent sur l'ennemi, arrivent cinq et reviennent avec dix-sept prisonniers. L'ennemi, au dernier moment, a lâché pied, tant est grande sa terreur de la baïonnette en face de pareils hommes.

« Aussitôt une nouvelle section vient prendre la place de ce premier détachement. Nos hommes tombent, et leur cri, pour se justifier de n'aller pas plus longtemps, est : « Au moins, j'en ai abattu plus d'un! »

« On lutte corps à corps; les Prussiens sortent du Petit-Bois qui, sur ce point, touche au village de Styring. Nos soldats vont à eux; on se tue à bout portant.

« Un caporal de chasseurs à pied sort des

broussailles, un maigre petit fantassin, réduit à rien, sous sa veste noire collée par le ceinturon de cuir :

« — Où est le 3e bataillon? demande-t-il.

« — Pourquoi faire?

« — Pour rejoindre.

« — Le 3e n'existe plus.

« — Alors, je m'en retourne au premier bataillon venu, je veux me battre.

« Ils sont entrés, raconte-t-il, ce matin, en tirailleurs dans le Petit-Bois. Il avait dix-huit hommes avec lui. Le dernier vient de tomber.

« — *Je ne veux pas,* ajoute-t-il, *rester après eux.*

« Il va vers la lisière d'où partent les coups de feu allemands. Une demi-heure après, on le voit tomber. »

Et ce fut ainsi jusqu'au soir, malgré l'arrivée de la division Bataille, renfort insuffisant pour permettre de tenir tête aux masses allemandes sans cesse renouvelées.

Vers sept heures et demie, les Prussiens, qui viennent de recevoir de nouveaux et puissants renforts, se décident à un suprême effort pour déloger de Styring la poignée de Français qui s'y maintient encore. Pendant que leur artillerie canonne les nôtres sans relâche, ils font charger par leur cavalerie les débris de nos bataillons, afin de préparer l'attaque de leurs colonnes : c'est en vain; la cavalerie prussienne est mise en déroute par

nos 7ᵉ et 8ᵉ batteries d'artillerie, vivement
dirigées contre elle par le colonel Beaudoin,
qui est félicité sur le champ de bataille par le
général Frossard.

Sur ces entrefaites, la nuit arrive, et la
canonnade des Allemands redouble. Forbach
est tourné sur notre gauche; il ne nous reste
plus qu'à battre en retraite. Celle-ci cependant ne commence qu'après un dernier et
énergique effort tenté par un millier de soldats de la division Vergé, qui, par une meurtrière fusillade, contiennent encore pendant
une demi-heure les Allemands, surpris de
cette résistance acharnée.

En somme, la nuit venue, les Prussiens
n'ont pu nous déloger ni de Styring, ni de
Spickeren; mais nos soldats sont épuisés, les
munitions manquent, et nous ne pouvons
plus songer à nous y maintenir.

Forbach, qui, pendant toute la journée,
n'avait pu être gardé et défendu que par une
compagnie du génie et un détachement de
dragons; Forbach, nous venons de le voir,
venait d'être tourné et recevait les obus
prussiens qui l'incendiaient de tous les côtés.

Le général Frossard dut se résigner à faire
effectuer la retraite.

Si, en prévision d'un mouvement en arrière du 2ᵉ corps, remarque le général Serré
de Rivière, le maréchal eût assigné, comme

point de ralliement à son armée, la position
de Cadenbronn, aux abords de laquelle les
mouvements qu'il avait ordonnés allaient
porter ses troupes, les conséquences malheureuses de la défaite de Spickeren, dues au
désordre qui se produisit à la suite du combat, et qui jeta l'armée dans la confusion,
auraient pu être facilement conjurées.

Cette première rencontre, qui témoignait
si hautement de la solidité de nos troupes,
loin de compromettre son moral, aurait
donné à notre armée le sentiment de sa valeur ; peut-être même la lutte aurait-elle pu
recommencer le lendemain, soutenue par
des troupes fraîches établies sur une position
d'une très grande force, et ayant en seconde
ligne le 4ᵉ corps et la garde, qui, dans la
matinée du 7, allait arriver à Saint-Avold.

Telle paraît avoir été l'impression reçue
par l'ennemi, à en juger par la prudence de
sa marche le lendemain. Ce ne fut que dans les
jours suivants que le désarroi général qui
suivit l'affaire du 6 lui révéla toute l'étendue
de l'avantage qu'il venait de remporter.

Les traits d'héroïsme de nos soldats furent
continuels pendant toute cette journée du
6 août. En voici un accompli par le soldat
alsacien Krœuter, qui a inspiré à M. Alexandre
Bloch un excellent tableau fort remarqué au
Salon de 1892 :

« Le soldat de 1re classe Krœuter, couché tout à l'extrémité de l'Eperon, encrasse plusieurs fusils à force de faire feu, et tire consciencieusement en ajustant bien son homme. Rarement il manque son but. A un moment, une balle lui fait à l'épaule une légère blessure. Sans se déranger, Krœuter continue à tirer ; mais bientôt une nouvelle balle lui enlève son képi avec une forte mèche de cheveux et un morceau de peau ; le brave soldat trouve que ce n'est encore rien. Toutefois, comme le sang qui coule de sa blessure l'empêche de viser, il prie le lieutenant de Virieu, qui est à ses côtés, de lui arranger son mouchoir autour de la tête, ce qui est fait aussitôt. Krœuter se remet à fusiller les Prussiens de plus belle.

« Peu après, comme il est en joue, une troisième balle vient lui briser les doigts de la main droite. Cette fois, le vaillant Alsacien se fâche tout rouge : d'un bond il est sur ses pieds, et frappant le sol avec la crosse de son fusil, tandis que sa main mutilée se tend menaçante vers l'ennemi :

« — Ah çà ! nom d'un chien ! on tire donc toujours sur le même ici !

« Il faut un ordre formel de son capitaine pour que Krœuter, qui veut quand même continuer à combattre, quitte la place et aille se faire panser. »

IV.

Borny.

(14 août.)

Nous nous sommes un peu longuement
étendu à dessein sur ce premier combat de
Forbach-Spickeren, pour bien faire ressortir
que nos soldats, malgré leur notable infériorité numérique, avaient su vaillamment résister aux masses allemandes, et que, à la fin
de la journée, bien qu'ils fussent dans l'obligation de battre en retraite, puisqu'il ne leur
survenait aucun renfort, leur moral n'était
nullement affecté. Le corps décimé de Frossard ne se retirait nullement en déroute,
mais en ordre, pied à pied, furieux de l'échec

subi, et avec l'espoir de prendre bientôt une éclatante revanche.

Dans ces conditions, rien n'était encore absolument perdu pour la France ; il suffisait d'un chef suprême énergique et capable donné à de pareils soldats pour réparer les premières fautes et contenir l'invasion. Ce fut le cri général de l'opinion publique, en présence des hésitations continuelles de l'empereur, qui trahissaient une inexpérience absolue de la conduite des armées, et cette même opinion publique désignait Bazaine comme le chef capable et résolu nécessaire dans la situation où l'on se trouvait.

La mesure qui, depuis le 6 août, avait mis sous les ordres du maréchal les quatre corps réunis en Lorraine, mais en laissant au souverain la direction générale des opérations militaires, n'avait en effet donné à l'opinion qu'une satisfaction incomplète. Aussi, « sous la pression du sentiment général, et d'après les conseils mêmes de son entourage, l'empereur, abdiquant officiellement tout pouvoir, se décide-t-il, le 12, à investir le maréchal du commandement suprême de l'armée du Rhin, en plaçant sous sa direction les corps qui allaient se réunir au camp de Châlons, sous les ordres du maréchal de Mac-Mahon. »

Le premier mouvement de retraite avait été décidé le 7 ; ce même jour, le général

Coffinières était nommé gouverneur de Metz;
dès le 8, on entreprit sous sa direction, tant
en amont qu'en aval de la place, la construction de trois séries de ponts, sur la Seille et
sur les divers bras de la Moselle, pour faciliter, avec les deux ponts de pierre de la ville,
le passage rapide de l'armée, car elle ne
devait que traverser la ville et aller se
reformer du côté de Châlons, bien au delà de
Metz, place suffisamment forte pour retenir
et arrêter longtemps la marche de nos
ennemis.

Les ponts furent terminés le 12 au soir, et
« déjà quelques régiments avaient pu franchir la Moselle, lorsque, dans la nuit du 12
au 13, survint une crue qui submergea les
tabliers des ponts du grand bras et les rampes
d'accès, et en emporta même quelques parties. On ne parvint à rétablir la circulation
que dans la matinée du 14, et ce fut seulement dans l'après-midi de ce jour que commença le défilé de l'armée. Il faut dire que
ces ponts n'étaient nullement indispensables,
et que l'armée, si l'on avait tenu à hâter son
mouvement, aurait bien pu se contenter des
deux ponts de la ville et de celui du chemin
de fer. »

A peine le défilé de l'armée était-il commencé dans l'après-midi du 14 août, que nos
différents corps furent surpris par l'arrivée

5

des Prussiens et forcés de suspendre leur marche pour faire face à l'ennemi. Le combat dura acharné jusqu'à la nuit, et nous allons voir que Borny doit être considéré comme un succès pour nos armes. « Le combat de Borny inaugura d'une manière brillante, reconnaissons-le hautement, dit le général Serré de Rivière, le commandement du maréchal Bazaine. Il releva le moral de notre armée, mais retarda notre marche, et, à ce moment, puisqu'on voulait quitter Metz, il était bien plus important de gagner du temps qu'une bataille ; car l'ennemi, secondé par tous nos retards, entreprenait en toute hâte le mouvement tournant qui allait le porter sur notre ligne de retraite et nous enlever toute communication avec l'intérieur. »

Voilà en effet ce qu'aurait dû comprendre Bazaine : il lui eût fallu, dès le 12 août, accélérer le départ, et, à l'exemple de Napoléon Ier, dérouter l'ennemi par une continuelle mobilité de mouvement. Loin de là, il demeure sous Metz jusqu'au 14, alors qu'il sait que deux corps d'armée ennemis ont déjà atteint la Moselle et que les éclaireurs de la cavalerie prussienne s'avancent jusqu'à la route de Verdun, celle par laquelle doit s'effectuer sa retraite.

Quant aux Prussiens, ils avaient largement profité de notre inaction depuis le

7 août. Après avoir occupé Sarreguemines, ils avaient formé trois puissantes armées et envahi tous nos départements de l'Est en masquant le mouvement de leurs colonnes par une puissante cavalerie.

« Quinze corps d'armée, venant d'Allemagne, admirablement pourvus, manœuvrent à la fois au nord, au sud et à l'est, et commencent déjà ces mouvements tournants qui nous furent si fatals pendant toute la campagne, grâce à l'immensité des ressources de l'ennemi. Le 9, le quartier général prussien s'est avancé jusqu'à Sarrebrück ; — le 10, les têtes de colonne de l'ennemi se montrent à Remilly et à Pont-à-Mousson ; — le 11, elles menacent Nancy, où les uhlans ont fait une apparition ; — le 12, la situation est plus grave encore : le roi de Prusse est à Saint-Avold, et les communications entre Metz, Nancy et Châlons deviennent très difficiles ; — le 13, les communications sont interrompues. A l'est, on entend des coups de fusil vers la Planchette et Coincy ; le cercle se referme sur nous, et il est désormais impossible d'exécuter un mouvement de retraite sans passer sur le corps de l'ennemi. »

Il était quatre heures du soir ; notre mouvement de retraite était en pleine activité ; une partie de nos troupes était déjà passée

sur la rive gauche de la Moselle, et notre
3ᵉ corps se préparait à traverser la rivière
à son tour, lorsque le lieutenant d'Origny,
du 2ᵉ chasseurs à cheval, revint bride abattue
d'une reconnaissance en criant : « Alerte !
les Prussiens ! » et continua sa course folle
vers le château de Borny, où se trouvait
l'état-major général, afin de prévenir de
l'arrivée de l'ennemi.

A peine le lieutenant fut-il parti, qu'écla-
tèrent dans nos rangs les premiers obus allemands.

Les 41ᵉ, 19ᵉ et 90ᵉ de ligne prirent aussitôt
leur position de combat dans la direction de
la ferme de Bellecroix, pendant que, profitant
du premier moment de surprise, les Prussiens se mettaient en devoir d'occuper le parc
et le château de Colombey.

Ces trois braves régiments de ligne, avec
le 7ᵉ bataillon de chasseurs à pied, reçurent
les premiers le choc de l'ennemi et se distin-
guèrent par leur héroïsme ; — le 90ᵉ surtout : les diverses compagnies de ses bataillons, déployées en tirailleurs, continrent par
leur feu l'infanterie ennemie pendant une
heure, tant que durèrent les munitions ; mais
à cinq heures et demie, celles-ci étant épuisées, nos braves soldats durent essuyer le feu
meurtrier de l'ennemi sans pouvoir riposter.

Dans ce cruel moment, « le 2ᵉ bataillon du

Bataille de Borny.

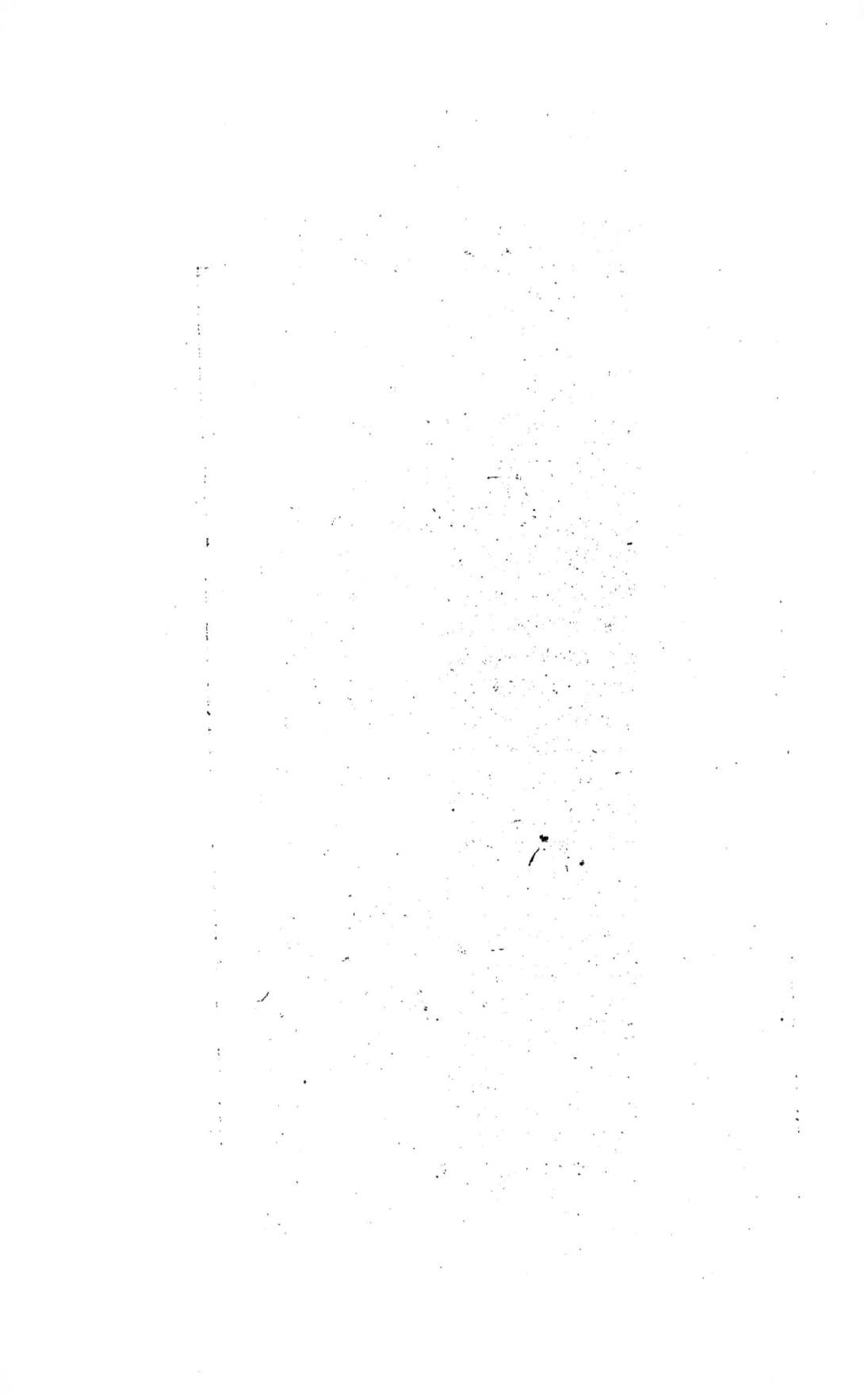

90ᵉ, raconte M. le capitaine Belhomme dans l'*Historique* très complet du 90ᵉ régiment de ligne qu'il a rédigé en entier, était resté couché à la même place, ayant derrière lui les mitrailleuses qui battaient les environs de la route de Boulay. Le lieutenant-colonel Vilmette se porta à ce bataillon, pour le faire reculer à hauteur du reste du régiment. À ce moment, la ligne prussienne, ayant débordé la gauche des tirailleurs, commençait à gravir les pentes. Le général Duplessis porta le 2ᵉ bataillon en avant pour refouler l'ennemi : les 1ʳᵉ et 2ᵉ compagnies furent envoyées sur le flanc des Prussiens, qui s'avançaient sur la route de Saint-Avold ; le reste du bataillon continua sa marche en bataille le long de la route de Boulay.

Accueilli bientôt par un feu violent, sur un terrain découvert, ce bataillon perdit en quelques minutes la moitié de son effectif. Le général Duplessis, dont le cheval avait été blessé, fut blessé à son tour, et en même temps que lui, ses officiers : le capitaine d'état-major Senault et le lieutenant Grégoire, du régiment. Le lieutenant-colonel Vilmette eut son cheval tué sous lui ; le commandant Grémillet, ayant eu son cheval blessé, et blessé lui-même une première fois, fut tué d'une balle au front ; le porte-drapeau, sous-lieutenant Breton, atteint de

plusieurs blessures; tomba au milieu des
hommes de sa garde et des sapeurs, tués ou
blessés presque tous ; le sergent Saubot
ramassa le drapeau, et, suivi des sapeurs
survivants, le porta au 1er bataillon.

« Le bataillon s'arrêta sous ce feu meurtrier, flotta un instant, et finalement les survivants plièrent. Les capitaines Dejean
(blessé), Chadeysson, Villaume (blessé), le
lieutenant Douron et le sous-lieutenant de
Goyon réussirent, avec l'aide et le dévouement des sous-officiers, les sergents-majors
Michel (blessé et devenu depuis capitaine au
90e), Guimbal (blessé), Testud et le sergent
Castet, à arrêter le mouvement aux deux
routes. Les hommes s'embusquèrent dans les
fossés et dirigèrent, à petite portée, un feu
meurtrier sur l'ennemi, qui dut abandonner
tout le terrain qu'il avait gagné. Le tambour-
major Alquier prit un fusil et maintint au
feu des soldats ranimés par ses paroles et
son exemple. Le sergent Rebeyrol, après
avoir donné à ses voisins l'exemple du courage, reçut une blessure dont il mourut peu
après ; le sergent Tamet fut tué en essayant
de rallier les soldats de sa compagnie ; le soldat La Boussinière, blessé à l'épaule, resta au
milieu de ses camarades, les exhortant de la
voix ; il répondit au colonel de Courcy : « Il
« y a bien assez d'hommes hors du rang ; tant

« que je peux rester debout, je n'ai pas besoin
« d'aller à l'ambulance. » Il fut médaillé. Le
bataillon, relevé enfin par d'autres troupes,
vint se reformer derrière le 1ᵉʳ bataillon. »

On voit, d'après cet exemple de l'héroïsme
d'un régiment, pris entre plusieurs autres,
quelle fut en réalité la vaillance dont nos
officiers, nos sous-officiers et nos soldats
firent preuve dans la résistance désespérée
qu'ils opposèrent, au début de la guerre, au
flot envahisseur de nos ennemis.

Jusqu'à la nuit, sur tous les points où nos
bataillons prirent contact avec l'ennemi, au
bois de Mey, autour de Colombey, à Noisseville, à Servigny, à Nouilly, au château de
Grimont, partout nos soldats luttèrent avec
un courage qui leur valut de coucher ce jour-
là sur le champ de bataille, après avoir
repoussé toutes les attaques des Prussiens.
Ils furent même victimes, à deux reprises
différentes, de la fourberie et de la duplicité
de leurs adversaires : par deux fois en effet
— et la dernière à la fin de la journée,
quand la nuit commençait à se faire — une
compagnie prussienne, sur le point d'être
anéantie par le feu du 64ᵉ de ligne, leva la
crosse en l'air, et, quand les nôtres se furent
découverts et eurent cessé le feu, les traîtres
les fusillèrent à coup sûr.

Il nous faut également ajouter que si les

nôtres furent décimés toute la journée par un feu terrible, ils prirent aussi quelque compensation; témoin la charge à la baïonnette du 43e de ligne, ordonnée par le général de Ladmirault, qui enfonça et dispersa toute une division prussienne, la division Budritzki.

« Et le soleil couchant éclaire ce triomphe de la baïonnette, faisant jaillir de l'acier rouge de sang des éclairs empourprés.

« La nuit tombe, arrêtant la lutte; mais les derniers rayons du soleil ont éclairé un triomphe.

« Nos soldats célèbrent la victoire par un long cri d'espérance.

« Nouilly reconquis nous reste définitivement, ainsi que le bois de Mey : le succès est complet.Les Prussiens ont été rejetés jusqu'à Servigny et à Noisseville, soit de trois mille mètres environ. » *(Français et Allemands.)*

Le soir de Borny, les deux partis s'attribuèrent la victoire. En réalité, par leur brusque apparition, les Prussiens avaient réussi ce jour-là à empêcher notre armée de commencer sa retraite sur Châlons. Mais au point de vue du combat en lui-même, il est hors de doute que les Français furent victorieux. Sur aucun point notre ligne de combat ne fut entamée, et les Allemands ne ga-

gnèrent du terrain que postérieurement au
combat, après la retraite volontaire des
nôtres, qui couchèrent sur leurs positions et
y demeurèrent toute la journée du lendemain, pendant la durée de l'armistice demandé par les Prussiens pour enterrer leurs
morts.

Cette bataille de Borny fut le premier acte
du siège de Metz. Pendant toute la soirée, la
population de cette patriotique cité demeura
dans une anxiété facile à comprendre : on
s'entassait aux portes de la ville, écoutant les
grondements de l'artillerie et le feu roulant
de la fusillade. Personne ne se coucha à Metz
cette nuit-là ; car, à partir de dix heures du
soir, ce fut dans tous les quartiers un défilé
interminable de cacolets et de voitures d'ambulance amenant des blessés, et chacun,
hommes et femmes, se prodiguait pour le
soulagement des malheureux ramenés sanglants du champ de bataille.

V.

Rezonville. — Mars-la-Tour.

(16 août.)

Bien que ce fût une victoire pour nos soldats, la bataille de Borny fut désastreuse
pour l'armée ; car elle occasionna un retard
de vingt-quatre heures au mouvement de
retraite sur Verdun des 3e et 4e corps, et, par
suite, à la marche de toute l'armée. Ces deux
corps durent, en effet, retourner à Metz pour
s'y approvisionner de munitions, les leurs
ayant été épuisées dans la journée du
14 août. Pendant ce temps, le prince Frédéric-Charles faisait en toute hâte passer une
grande partie de ses troupes sur la rive
gauche de la Moselle.

« La mauvaise direction imprimée à la
marche de l'armée pour traverser la Moselle
et s'élever sur les hauteurs de la rive gauche

eut les conséquences les plus regrettables, dit le général Serré de Rivière. Ce ne fut que le 15 que les 2ᵉ et 6ᵉ corps de la garde et les divisions de Fortou et du Barail furent réunies sur le plateau. Deux divisions du 3ᵉ corps parvinrent à s'y établir dans la soirée. Le reste du 3ᵉ corps et tout le 4ᵉ ne purent effectuer leur mouvement que le lendemain, 16.

« L'ennemi avait su bien mieux employer son temps ; aussi, lorsque la division de Fortou, qui formait sur la route de Verdun l'avant-garde de l'armée, se mit en devoir, après avoir dépassé Mars-la-Tour, de se porter à Tronville, conformément aux ordres qu'elle avait reçus, elle constata la présence d'un fort parti ennemi établi à Chambley. A la suite d'un petit engagement à la hauteur de Puxieux, elle se replia sur Vionville, d'après l'avis du général Frossard, qui lui-même dut s'arrêter à Rezonville avec le 6ᵉ corps. — La présence de l'ennemi s'accusait surtout sur la gauche de l'armée. »

Dès le 15 août, les commandants des 2ᵉ et 6ᵉ corps avaient signalé non loin d'eux la présence de forces ennemies s'élevant à 30,000 hommes environ. Bourbaki écrivait au maréchal Bazaine qu'il s'attendait à être attaqué le lendemain. De plus, ce même jour encore, le maire de Gorze s'empressa d'avertir le grand quartier général que les Allemands passaient la Moselle. « Vingt à vingt-cinq mille Allemands, disait-il, sont déjà dans le ravin de Gorze. »

Le commandant en chef de l'armée française était donc bien prévenu des mouvements de nos ennemis ; par conséquent, il lui était facile de deviner leurs intentions. D'ailleurs, s'il lui restait des doutes à ce sujet, il lui était toujours possible de les lever ; il n'avait pour cela qu'à faire faire par la cavalerie des reconnaissances dans les ravins d'Ars et de Gorze jusqu'à la Moselle. Il n'en fit rien, bien que le temps ne lui ait point manqué, et laissa à l'ennemi toute facilité pour venir lui barrer le chemin.

« Pourquoi, dit le général Serré de Rivière, ne pas ordonner, soit immédiatement, soit au moins dans la matinée du 16, au général Frossard, d'éclairer à fond les gorges qui aboutissaient aux positions occupées par ses troupes, au lieu de lui prescrire d'une manière vague, comme à tous les autres commandants de corps, de faire les reconnaissances journalières ? Pourquoi ce général, que sa position tout à fait à la gauche de l'armée, expose d'une manière particulière aux entreprises de l'ennemi et qui a signalé lui-même sa présence, ne s'assure-t-il pas avec plus de soin de ce que renferment les gorges d'où l'ennemi va déboucher ? Quoi

qu'il en soit, le maréchal, dont le quartier
général est sur place, à Gravelotte, ne saurait
décliner la responsabilité de la surprise qui
marqua le début de la bataille, et qui faillit
en compromettre le résultat. Cette réserve
une fois faite, reconnaissons que dans le
moment critique où le 2e corps fut brusque-
ment assailli par l'ennemi, le sang-froid et
l'intrépidité du maréchal furent au-dessus
de tout éloge. En peu de temps, ses sages
dispositions, après avoir réparé le mal déjà
fait, préparèrent le succès de la journée, que
l'entrée en ligne du 4e corps devait définitivement assurer. »

Car, malgré toutes les fautes accumulées
dans la journée du 15, le lendemain 16 fut
marqué par une série de succès remportés
par nos vaillants soldats; succès sanglants et
inutiles, hélas! mais enfin, ce jour-là encore,
sur tous les points où nous fûmes attaqués,
à Rezonville, à Vionville, à Mars-la-Tour, à
Gravelotte, nous demeurâmes maîtres du
terrain. La lutte fut acharnée et s'étendit sur
un grand espace; car, le 16 août, eut lieu
non seulement une bataille, mais une série
de plusieurs combats successifs ou simulta-
nés, tous très meurtriers.

Remarquons enfin que, le 16, le maréchal
Bazaine demeurait absolument seul maître
de la direction de l'armée; car l'empereur

était, dans la matinée, parti de Metz pour Châlons, où il pensait précéder nos troupes seulement de quelques heures.

Voici maintenant l'ordre de marche qui avait été donné à nos différents corps :

Le 4º corps devait s'avancer sur Doncourt, où ses deux dernières divisions n'arrivèrent que le 16, à midi.

Le 6º avait pour objectif Rezonville et Vionville.

Le 2º, formant l'avant-garde, devait s'avancer jusqu'à Mars-la-Tour, à 24 kilomètres de Metz.

Le 3º devait se placer à Verneville, le long de la ligne Verneville-Saint-Marcel, avec la mission de garder le bois de Doseuillons.

Quant aux voltigeurs et aux grenadiers de la garde, il leur avait été prescrit de demeurer au Point-du-Jour et à Gravelotte, pour couvrir la retraite. — Gravelotte, à 14 kilomètres de Metz, était en effet une position stratégique très importante pour une armée arrivant de cette ville ; car, à partir de cette petite localité de sept cents habitants, la grande route venant de Metz se partage en deux voies différentes menant l'une et l'autre à Verdun.

Enfin, les deux divisions de cavalerie de Fortou et du Barail étaient chargées d'éclairer l'armée l'une sur la route de Saint-Mihiel, l'autre sur la route d'Etain, en avant de Jarny.

Ce fut, comme nous l'avons dit plus haut, une incontestable et glorieuse victoire pour nous que la bataille de Rezonville, appelée Mars-la-Tour par les Allemands, qui y éprouvèrent des pertes considérables. Et cependant, ce jour-là encore, nous fûmes surpris par l'ennemi.

En effet, vers neuf heures du matin, un escadron de notre 12ᵉ dragons, en grand'-garde à la ferme de Flavigny, aperçut au loin divers pelotons de cavalerie allemande se dirigeant du côté de Vionville et de Mars-la-Tour. Peu après, ce furent les tirailleurs ennemis qui s'étendirent rapidement sur les crêtes de Tronville. Presque au même instant, un coup de canon se fait entendre, suivi aussitôt de plusieurs autres, et les obus pleuvent de tous côtés sur les soldats du 2ᵉ corps français. C'étaient les IIIᵉ et Xᵉ corps allemands, sous les ordres des généraux von Alvensleben et von Voigts-Rhetz, qui avaient traversé la Moselle dans la matinée et s'avançaient à marche forcée pour nous couper la retraite sur Verdun. La canonnade commencée allait maintenant se faire entendre sans discontinuer jusqu'à neuf heures du soir, — pendant douze longues et mortelles heures.

Quant à nos soldats, ils s'attendaient si

peu à l'arrivée de l'ennemi, qu'ils étaient
tranquillement en train de prendre le repas
du matin. Le premier moment de confusion
une fois passé, chacun, furieux d'avoir été
surpris au moment de manger la soupe, se
prépara à faire vaillamment face à l'ennemi,
et la bataille commença, engagée surtout à
la gauche de notre cavalerie, entre Vionville
et Rezonville, à l'ouest de cette dernière localité, des deux côtés de la grande route sud de
Metz à Verdun.

Les Prussiens débouchaient du bois de
Gorze en déployant des forces considérables.

« L'artillerie prussienne nous foudroyait
de plusieurs points à la fois avec des pièces
d'un fort calibre, raconte M. E. Durif. Nos
soldats, surpris d'être écrasés d'aussi loin,
semblaient peu assurés. Alors Canrobert
envoie Bourbaki et les grenadiers de la garde,
qui s'élancent à la baïonnette.

« Devant cette charge, les Prussiens ne
tardent pas à disparaître. Mais, de très loin,
l'artillerie allemande couvre nos troupes
d'une grêle d'obus, et la situation devient de
plus en plus critique. Le général Ambert
raconte dans ses *Récits militaires* que, au
milieu de cette tempête de boulets et d'obus,
un spectacle sublime se présenta : les cuirassiers de la garde et les carabiniers de la brigade du Preuil s'élancèrent à la charge devant

Épisode de la bataille de Gravelotte.

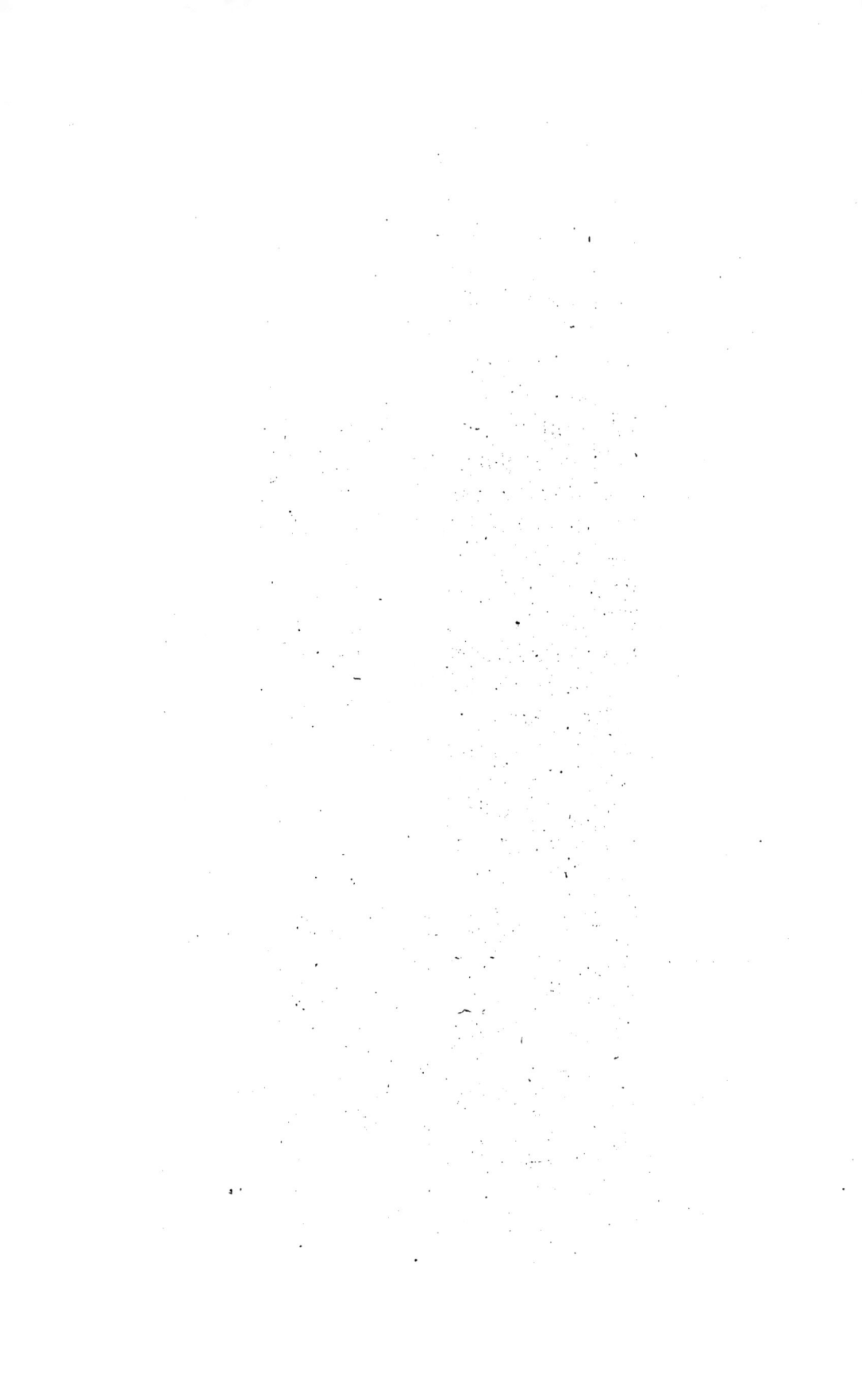

une mort certaine, enveloppés d'une véritable
atmosphère de balles, de boulets et d'obus.

« C'est là que l'on vit un cheval emporté,
bondissant, et sur ce coursier affolé un cavalier sans tête. La main droite serrait convul-
sivement un sabre, qui se balançait en l'air.
Le corps de cet officier supérieur des cuirassiers de la garde semblait encore animé.

« Ce fut une mêlée fantastique. Les cuirassiers formaient trois lignes. La première
vint rouler sur les baïonnettes de l'infanterie ;
la deuxième brisa les rangs ; et la troisième
déchira en lambeaux tout ce qui résistait
encore. Ceux qui revinrent étaient couverts
de sang.

« Après cette charge, notre infanterie put
se porter en avant, au delà de Rezonville.

« Dans une deuxième charge que firent le
2ᵉ et le 7ᵉ hussards, qui réussirent à repousser la colonne allemande, nos hussards
furent surpris de sentir la pointe de leurs
sabres s'arrêter sur la poitrine des cavaliers
ennemis. On sut après l'affaire que les dragons royaux portaient, entre le drap du vête-
ment et la doublure, une lame de cuir
d'un centimètre d'épaisseur. »

Voici maintenant un extrait d'une lettre
adressée à sa mère par un officier de
cavalerie ayant pris part à la première
de ces charges, lettre qui donne une idée de

l'aspect que présentait à ce moment le champ
de bataille, véritable champ de carnage :

« Le commandant m'appelle et m'envoie
demander des ordres au général de division.
Je pars ; mais à peine sorti des rangs et
arrivé sur la route, j'entends les clairons
sonner à tout rompre et je vois les grenadiers
de la garde se masser au pas gymnastique.
Quelques coups de fusils isolés partent deci,
delà, puis le feu se propage du centre
aux deux ailes, et, en quelques secondes, la
canonnade reprend plus forte que le matin.

« Canrobert avec ses grands cheveux
blancs est devant moi, à cheval, interrogeant
deux ou trois paysans hébétés. Un obus
arrive, éclate dans son escorte et coupe en
deux un de ses officiers d'état-major.

« Canrobert cause toujours, et je n'ose
l'aborder. Enfin il m'aperçoit :

« — Que voulez-vous, mon lieutenant ?
me dit-il tranquillement.

« — Des ordres, monsieur le maréchal ;
nous sommes séparés de la division, et le
colonel attend, ne sachant où se porter.

« — En avant, monsieur ! nous allons
avoir besoin de tout notre monde tout à
l'heure ; le prince Frédéric-Charles vient
d'arriver avec 80,000 hommes de troupes
fraîches ; que l'on prévienne Bourbaki !

« Je me remets en route pour rejoindre le

régiment. Plus de régiment ! J'arpente toute la ligne au grand galop, assourdi par la mitraille ; puis tout d'un coup j'entends un cri énergiquement prononcé :

« — Au galop, pour charger, guide à gauche !

« Les cuirassiers passent à fond de train, et me voilà chargeant avec eux, ayant à peine eu le temps de mettre le sabre à la main !

« A partir de ce moment, il me serait difficile, ma pauvre mère, de t'analyser mes sensations ; mais il me semble que j'étais enchanté : on m'a *tapé*, j'ai *tapé*. Je crois bien avoir aperçu dans le tas un grand diable de houzard bleu et jaune qui me mettait son pistolet à la hauteur du nez ; je crois aussi que mon sabre lui est entré dans la gorge, car le pistolet a disparu ; mais.... tout cela est plus que confus. Au même moment mon cheval a manqué des quatre pieds, j'ai ressenti une violente douleur à la tête, et.... je me suis réveillé dans une mare de boue à neuf heures du soir.... »

La ferme de Flavigny, qui avait été abandonnée par les nôtres le matin, au moment de la surprise occasionnée par l'attaque des Prussiens, fut occupée de nouveau par le 94e de ligne vers une heure de l'après-midi, après un combat acharné, et nos soldats s'y maintinrent tout le reste de la journée, malgré

les efforts continuels de l'ennemi pour les en
déloger ; car leur présence à |la ferme gênait
considérablement les mouvements de l'armée allemande.

A peu près à la même heure, la garde
entra en ligne avec un entrain superbe
Depuis midi, le 3ᵉ voltigeurs était formé en
colonne à cent cinquante mètres au delà de
la route de Rezonville, et le 4ᵉ voltigeurs avait
pris position à trois cents mètres en avant
de Gravelotte. Pendant ce temps, la cavalerie de la garde se livrait à une sérieuse
reconnaissance du ravin.

A une heure et demie, les zouaves et les
grenadiers de la garde, conduits par le général Jeanningros, arrivent à Rezonville et
se couvrent de gloire en soutenant notre
2ᵉ corps, pendant que le général Bourbaki,
suivi de son état-major, est posté contre la
maison de poste située en avant de Rezonville, examine attentivement les mouvements de l'ennemi.

De son côté, notre 6ᵉ corps, sous les ordres
du maréchal Canrobert, supportait sans
broncher et finalement repoussait trois fu-
rieuses attaques successives de l'armée allemande.

Cette belle attitude du 6ᵉ corps — ainsi
que celle du 2ᵉ, tout décimé qu'il était par
les projectiles ennemis — empêcha les Prus-

siens de s'emparer de la route de Mars-la-
Tour à la hauteur de Vionville, et par suite
de déboucher sur nos derrières; elle donna
en outre un instant de répit à nos troupes.

L'attaque des Allemands se trouvait ainsi
provisoirement repoussée; mais leur marche
en avant n'était que retardée; il s'agissait de
la rendre impossible. Ce fut à ce moment
que, pour obtenir ce résultat, fut effectuée
l'admirable charge de nos deux divisions de
cavalerie dont on a lu plus haut le récit.
Grâce à elle, la colonne de von Bredow fut
définitivement arrêtée dans sa marche et,
de plus, mise dans l'impossibilité, où de
prendre à revers les lignes de notre infanterie, ou bien de sabrer toutes nos pièces
d'artillerie placées en position sur la crête de
Rezonville, car l'une de ces deux nouvelles
agressions était à redouter de sa part.

Il était alors près de trois heures de l'après-
midi : il y eut dans la bataille un moment
d'arrêt. La première phase de la lutte était
terminée; la seconde allait bientôt commencer avec un acharnement plus terrible encore.

Malgré leur épuisement à la suite de ces
engagements meurtriers, les nôtres de-
mandent instamment à marcher en avant. Le
maréchal Bazaine refuse de donner un pareil
ordre et se borne à prescrire à chacun de se
maintenir sur ses positions. Notre 3ᵉ corps

arrive à son tour se mettre en ligne, et le combat qui reprend en avant de Saint-Marcel force l'infanterie ennemie à battre en retraite.

De son côté, le général Ladmirault, commandant du 4ᵉ corps, fait, dès qu'il entend le bruit du canon, suspendre la marche sur Verdun de ses deux divisions, commandées par les généraux Grenier et de Cissey, et, sans attendre de nouveaux ordres, les fait partir au plus vite dans la direction de la bataille que lui indique le bruit de l'artillerie. Ces deux divisions arrivent à marche forcée au plateau de Bruville et à la ferme de Greyère, d'où elles chassent les Prussiens, qui se réfugient dans les bois de Tronville. L'élan est donné, et la bataille recommence avec acharnement. Ce fut là, dans le ravin de Greyère, théâtre d'une effroyable lutte, rendue plus animée encore par la présence du prince Frédéric-Charles, accouru bride abattue de son quartier général de Pont-à-Mousson, que le sous-lieutenant Chabal, du 57ᵉ de ligne, s'empara du drapeau du 2ᵉ bataillon du 16ᵉ régiment hessois, le seul étendard ennemi dont nous ayons fait la conquête en 1870-71.

Mais si de nouveaux corps français étaient entrés en ligne, les Allemands, de leur côté, n'étaient point restés inactifs. Le prince Frédéric-Charles avait lancé de nombreux

Le sous-lieutenant Chabal s'empara du drapeau d'un régiment hessois.

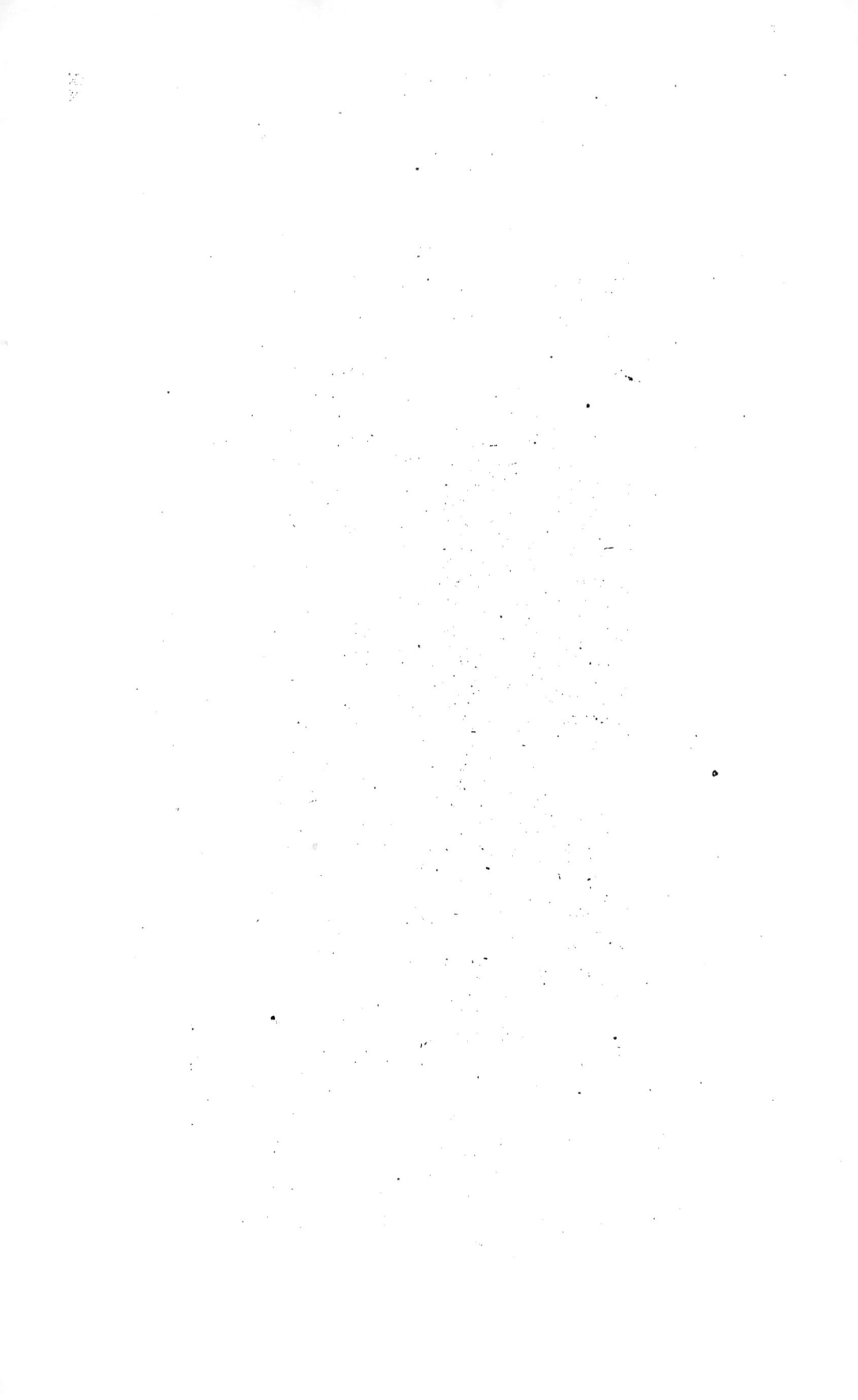

renforts sur le champ de bataille et envoyé,
pour soutenir ses troupes et écraser nos soldats, une nombreuse et puissante artillerie.
Sept nouvelles batteries allemandes étaient
venues de divers côtés s'ajouter à la longue
ligne de bouches à feu déjà mises en position
par nos ennemis entre Flavigny et le bois de
Vionville. Il y avait là cent vingt pièces, qui
pendant plus d'une heure se livrèrent à une
violente et terrible canonnade contre les
nôtres.

Malgré tout ce déploiement de forces, à
cinq heures du soir, les Allemands n'étaient
point parvenus à faire un pas en avant ; tous
leurs efforts avaient été brisés par la valeureuse résistance de nos soldats.

Notre 2e corps se maintenait toujours à
l'est de Gravelotte, surveillant la route d'Ars
à Gravelotte. Quant à nos autres troupes,
voici, d'après M. Alfred Duquet, quelles
étaient les positions qu'elles occupaient à ce
moment de la journée :

« La 2e brigade de voltigeurs, dit l'auteur
des *Grandes Batailles de Metz*, les zouaves, la
majeure partie de la cavalerie de la garde
sont autour de la *Maison de Poste*, devant le
bois des Ognons, également libre d'Allemands et partiellement occupé par une brigade de la division Montaudon. Les généraux
de Fortou et de Valabrègue sont derrière la

Maison de Poste. La 1ʳᵉ brigade de voltigeurs
garnit les bâtiments de Rezonville et lie sa
gauche à l'autre brigade de la division Montaudon. Le général Lapasset se tient en avant
du général de Montaudon, couvert lui-même
par les grenadiers de la garde, qui défendent
héroïquement, avec l'appui de la réserve
d'artillerie, les débouchés de Gorze et le
sanglant mamelon que les Prussiens n'ont pu
encore emporter. A l'ouest de Rezonville, à
cheval sur la grande route, l'artillerie de la
garde étage ses batteries sous la protection de
la division Levassor-Sorval, du 6ᵉ corps. Les
divisions Lafont de Villiers et Tixier, de
même que le 9ᵉ de ligne, seul régiment pré-
sent de la division Bisson, sont embusqués
sous les bois de Villers, près de la *voie*
romaine. La division Aymard, du 3ᵉ corps,
relie le général Tixier au 4ᵉ, faisant face au
bois de Tronville. La division Nayral quitte
le maréchal Lebœuf, sur l'ordre de Bazaine,
et passe devant Villers-au-Bois pour aller
renforcer les innombrables bataillons de
notre gauche. La brigade de cavalerie de
Juniac entoure Saint-Marcel.

« Quant au 4ᵉ corps, qui ne se composait
que des divisions Grenier et de Cissey, il
défendait le ravin coupant le plateau, du
bois de Tronville à la ferme de Grizières (ou
de Greyère), ayant derrière son infanterie

les divisions de cavalerie Legrand et Clérem-
bault, la brigade de France et le 2e chasseurs
d'Afrique. »

En somme, à ce moment de la journée,
constate le colonel Lecomte, « la situation
tournait plutôt en faveur des Français. Entre
cinq et six heures, la ligne des positions des
deux parties se dessinait à leur avantage sur
tout le front, sauf à Vionville, point décisif,
il est vrai. Partout aussi, et même devant
Vionville, ils se présentaient avec des effec-
tifs prépondérants.... Le maréchal Bazaine
n'avait donc pas un moment à perdre pour
user de sa supériorité. Ce précieux moment
fut perdu. »

Malheureusement, en effet, dans toutes
ces luttes sanglantes et glorieuses où l'armée
de Metz demeura réellement victorieuse, son
commandant en chef se montra fort mauvais
tacticien. A l'armée seule doit revenir l'honneur de ses succès, car, comme l'a fort bien
dit le général Deligny, « les batailles de Borny,
de Rezonville et d'Amanvillers n'ont été pour
nous que des rencontres de hasard où l'im-
prévu a tout réglé et dont la valeur et le sang
des soldats ont fait presque tous les frais. »

De puissants renforts étaient donc arrivés
pour soutenir l'attaque des premiers corps
allemands engagés contre nous : celle-ci
recommença de leur part contre les divisions

Grenier et de Cissey, mais sans succès. Ils furent reçus de telle façon, que, en quelques minutes, une de leurs brigades, celle du général de Wedell, eut 72 officiers et 2,542 hommes hors de combat.

Mais laissons maintenant la parole à M. Alfred Duquet, qui va nous faire connaître les dernières péripéties de cette héroïque journée.

« A notre tour, raconte-t-il dans les *Grandes Batailles de Metz,* nous traversons le ravin et poussons l'ennemi débandé, la baïonnette aux reins. Il était six heures du soir, et, encore une fois, un effort sur notre droite aurait assuré la victoire à l'armée française. Mais Bazaine reste toujours muet et caché ; aucun ordre de marcher en avant ne parvient à Ladmirault, à Lebœuf et à Canrobert. Néanmoins le mouvement contre Mars-la-Tour est tellement indiqué, que le commandant du 4ᵉ corps l'entreprend de lui-même, quoique avec hésitation. L'instant est dramatique pour les Allemands : plus d'infanterie à opposer à Ladmirault et à Lebœuf, et l'artillerie est à bout de forces et de munitions.

« Le général de Voigts-Rhetz jette au-devant des assaillants ce qu'il a sous la main. Le 1ᵉʳ régiment de dragons de la garde est là, ainsi que le 4ᵉ cuirassiers, de la brigade Barby : il les lance sur le général Grenier.

Nos mitrailleuses renversent les cuirassiers,
qui sont obligés de se retirer ; les dragons,
plus heureux, abordent nos soldats, et le
général Brayer, un des brigadiers de Cissey,
est tué à ce moment ; mais nos troupiers se
groupent autour de leurs drapeaux et fu-
sillent à coup sûr les cavaliers ennemis.
« Le 73e de ligne détruit un escadron presque
« entier de quelques salves bien ajustées.
« Les dragons doivent se replier en laissant
« près des deux tiers de leur monde sur
« le carreau, y compris leurs deux colonels.
« Cette troupe ne pourra même plus parti-
« ciper aux nouveaux exploits de cavalerie
« que nous verrons tout à l'heure.... Malheu-
« reusement, Ladmirault, indécis, est arrêté
« par cette charge avortée. » (Colonel
Lecomte.) Il fait repasser la creusée à ses
troupes et les empêche ainsi de s'emparer
d'une batterie prussienne empêtrée dans le
« fatal ravin », et qui, grâce à notre mollesse,
se hâte de déguerpir et de se cacher à Mars-
la-Tour. Cependant les dragons ont été affreu-
sement abîmés. « Presque tous leurs chefs ont
« disparu, 125 cavaliers et 250 chevaux sont
« hors de combat, et le colonel est mortelle-
« ment frappé. » (La Guerre franco-allemande.)
  « Cette charge est le prélude sanglant de
l'atroce boucherie où près de neuf mille
sabres vont se croiser dans un combat

7

acharné; c'est l'ouverture du drame équestre
qui mettra aux prises les escadrons des deux
armées dans un choc qui rappellera les rudes
assauts des chevaliers de la guerre de Cent
Ans. En effet, le commandant du 4e corps a
honte de reculer devant un si petit nombre
d'adversaires et s'apprête, encore une fois, à
tourner la gauche prussienne. Derechef, le
danger est pressant pour nos ennemis.
Frédéric-Charles, en proie à une vive anxiété,
croit toujours voir déboucher sur ses soldats,
harassés et débandés, les masses profondes
de Ladmirault, de Lebœuf et de Canrobert.
Seul, le 4e corps s'ébranle lentement : il faut
l'arrêter à tout prix, et le prince jette à sa
rencontre, pêle-mêle, tous les régiments dont
il peut disposer.

« Une batterie prussienne s'était portée
en avant, entre Ville-sur-Yron et la ferme de
Grizières, et, de là, bombardait les bataillons
qui se massaient au nord de cette ferme. Le
2e chasseurs d'Afrique tombe comme la
foudre sur les artilleurs allemands, les sabre
et va s'emparer de leurs pièces, quand les
dragons de la garde royale accourent à l'aide
de la batterie. Ils sont d'abord culbutés, et
tout ce monde « tourbillonne en retraite du
« côté de Mars-la-Tour »; mais le 13e dragons se jette, à son tour, dans la bagarre, et
l'infanterie ennemie exécute plusieurs dé-

Le 2e chasseurs d'Afrique tombe sur les artilleurs allemands.

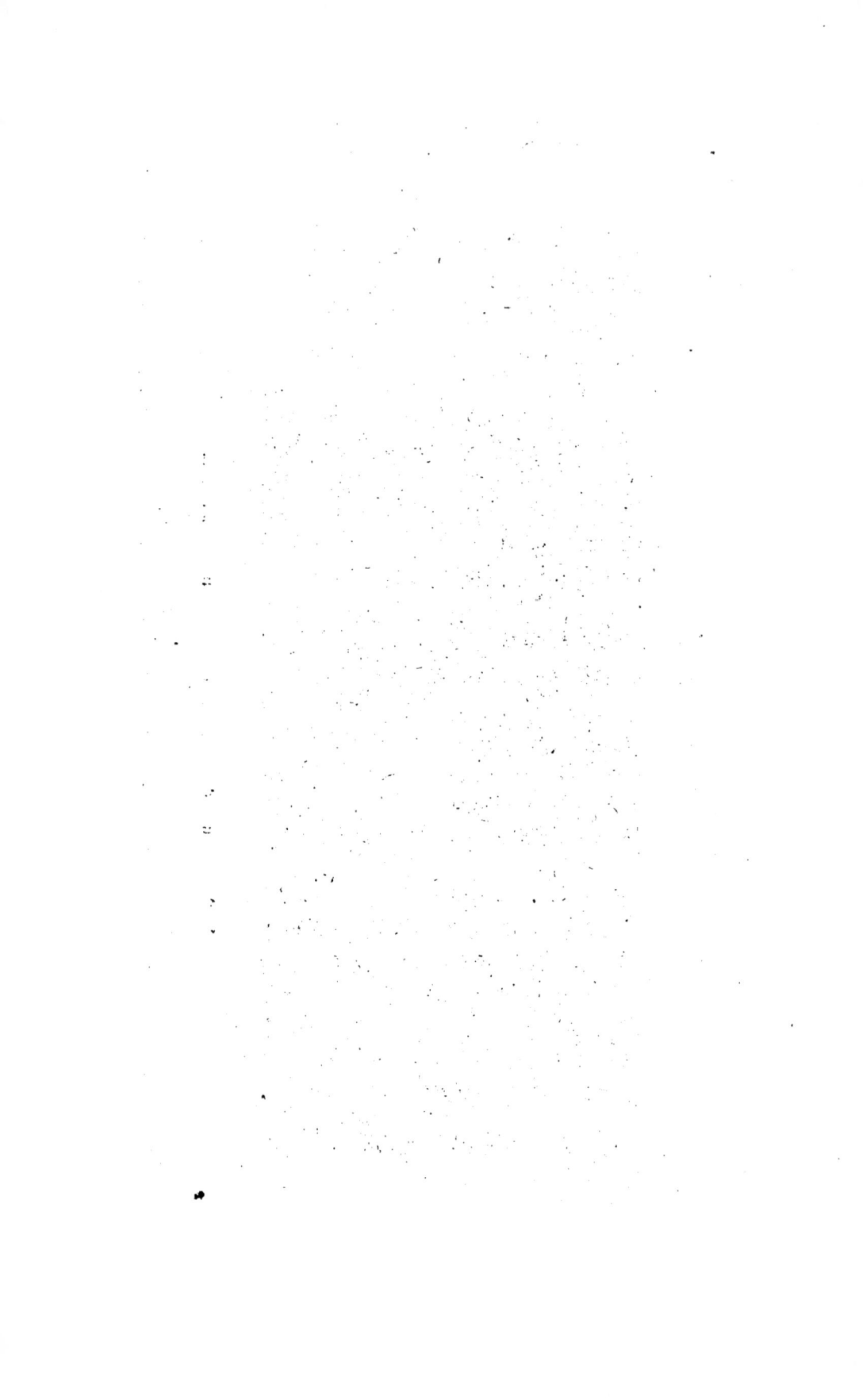

charges contre nos chasseurs d'Afrique. Ceux-
ci se retirent alors devant le nombre considérable des assaillants et se placent à égale
distance de Ville-sur-Yron et de Bruville.

« Aussi bien, les deux cavaleries sont
prises maintenant dans l'engrenage et vont
être entraînées tout entières dans une lutte
formidable. Les dragons prussiens osent
pousser en avant; le général de Ladmirault
les arrête net, en couvrant le 2ᵉ chasseurs
d'Afrique par les 2ᵉ et 7ᵉ hussards, le 3ᵉ dragons, les lanciers de la garde et les dragons
de l'impératrice. De son côté, le prince
Frédéric-Charles, effrayé de ces mouvements,
qui ne lui présagent rien de bon, fait partir
au galop « toute la cavalerie réunie entre
« Tronville et Puxieux ». La brigade Barby
passe à l'ouest de Mars-la-Tour, emmenant
avec elle le 16ᵉ dragons et le 10ᵉ hussards, et
précédée du 13ᵉ dragons, qui suit la route de
Mars-la-Tour à Jarny.

« Les hussards du général de Montaigu
s'abattent sur ce dernier régiment avec la rapi-
dité de l'éclair, le sabrent et le traversent de
part en part. Malheureusement, cette charge
avait été mal préparée; nos régiments
n'étaient pas à même de se soutenir immédiatement, et nos pauvres petits hussards ont
peine à lutter contre les cavaliers allemands.
Le 3ᵉ dragons, de la brigade de Gondrecourt,

-survient alors, pendant que le restant de la brigade Barby et le 10e hussards prussien volent
au secours de [leur régiment d'avant-garde.

« Superbe, à la tête de ses dragons, le général
Legrand galope, brandissant son épée, et répé-
tant d'une voix retentissante son fameux cri :
« Au sabre ! au sabre! » Un choc effrayant
allait se produire entre les trois régiments
français et les six régiments allemands.

« Il est environ six heures trois quarts ;
« les deux lignes de cavalerie s'abordent sur
« tout leur front avec la plus grande impé-
« tuosité. Vainqueurs sur un point, rompus
« sur un autre, les escadrons des deux partis
« s'efforcent, chacun pour son compte, de
« gagner le flanc de l'adversaire. Un épais
« nuage de poussière s'élève bientôt et voile
« cette furieuse mêlée. » (La Guerre franco-
allemande.) Mais nos deux régiments de hussards ne sauraient résister à la nuée de
cavaliers qui les entoure. « Le général de
« Montaigu, grièvement blessé, est fait pri-
« sonnier. Le général Legrand s'élance, avec
« le 3e dragons, au secours de ses soldats,
« vivement ramenés ; mais c'est en vain ! la
« mort, une mort digne d'un cavalier, vient
« le frapper au milieu de ses inutiles
« efforts. » (La Guerre franco-allemande.)

« Le général de France n'avait pas jugé
opportun d'appuyer la division Legrand ; il

attendait la cavalerie ennemie, sans même
achever le déploiement des dragons de l'impératrice, et ne se décide à entrer en action
qu'après l'échec du général Legrand, lorsque
les Allemands ne sont plus qu'à cent cinquante pas de lui. Il précipite alors ses lanciers sur les lanciers d'Oldenbourg. D'un
élan irrésistible « nos escadrons traversent
« les dragons allemands ; malheureusement,
« ils vont donner dans la droite du général
« Legrand et sont pris, à cause de leurs
« habits bleus (bleu de ciel), pour des Prus-
« siens. » (Le Faure.) Nos cavaliers égorgent
les lanciers sans les reconnaître. « Témoins
« de cette méprise, les uhlans bousculent un
« escadron de lanciers ; mais les dragons de
« l'impératrice se jettent, à leur tour, sur le
« flanc des uhlans. La mêlée devient indes-
« criptible, furieuse ; au milieu de cette
« poussière qui aveugle, on n'y voit plus ;
« les sabres frappent sans relâche, tuent
« presque au hasard. Dans cette masse
« confuse qui tourbillonne et se mêle à ce
« point qu'on ne peut distinguer les Fran-
« çais des Prussiens, les hussards, puis les
« cuirassiers allemands font de larges
« trouées, tandis que nos infatigables chas-
« seurs d'Afrique se précipitent au plus épais
« de la mêlée. Huit mille cavaliers s'entre-
« tuent au milieu des hourras et du choc,

« formidable du fer.... » (Colonel BONIE.)

« Cette rude affaire était donc finie à notre droite, car infanterie, artillerie et cavalerie du 10e corps s'étaient repliées au sud de la chaussée, sauf le général de Krantz, qui, après avoir donné l'ordre d'évacuer le bois de Tronville, l'avait fait réoccuper à la faveur des charges de la brigade Barby. L'obscurité commençait à tomber, et le silence régnait maintenant sur cette partie du théâtre où se jouait l'avenir de notre pays.... »

Voici en quels termes le maréchal Bazaine fit connaître à l'empereur, dans un rapport qu'il lui adressa le soir même, les résultats de la journée de Rezonville et les résolutions auxquelles il s'arrêtait :

« Gravelotte, 16 août, onze heures du soir.

« Sire,

« Ce matin, à neuf heures, l'ennemi a attaqué la tête de nos campements, à Rezon-ville. Le combat a duré depuis ce matin jusqu'à huit heures du soir. Cette bataille a été acharnée; nous sommes restés sur nos positions, après avoir éprouvé des pertes sensibles. La difficulté aujourd'hui gît principalement dans la diminution de nos parcs de réserve, et nous aurions peine à supporter

une journée comme celle d'aujourd'hui avec
ce qui nous reste dans nos caissons. D'un
autre côté, les vivres sont aussi rares que les
munitions, et je suis obligé de me reporter
sur la route de Vigneulles à Lessy, pour me
ravitailler. Les blessés ont été évacués ce
soir sur Metz. Il est probable, selon les nouvelles que j'aurai de la concentration des
armées des princes, que je me verrai obligé
de prendre la route de Verdun par le nord. »

La nuit venue, nous étions demeurés
maîtres du terrain ; mais c'était tout l'avantage que nous retirions pour l'instant de
cette lutte meurtrière, — et ce fut le seul qui
nous demeura, grâce aux hésitations ou au
manque de résolution du commandant en
chef. La bataille de Rezonville était cependant un succès incontestable pour notre
armée, ainsi que l'affirma le maréchal Canrobert dans sa déposition au procès Bazaine.
« Comme le disait dans le temps un général
russe, Mentschikoff, déclara Canrobert, la
victoire appartient à celui qui doit enterrer
les morts ; et celui-là doit enterrer les morts,
qui reste à côté d'eux, sur le champ de bataille. C'était notre lot ; nous étions maîtres
du champ de bataille ; par conséquent nous
étions victorieux »

L'étendue de nos pertes, 17,000 hommes
hors de combat, sur lesquels les 2ᵉ et 6ᵉ corps

comptèrent chacun plus de 5,000 hommes,
témoignent de l'énergie de la lutte que nous
venions de soutenir.

Les pertes de nos ennemis étaient encore
plus considérables ; ils avouèrent 25,000
hommes hors de combat : toutes leurs
attaques avaient échoué. Une grande confusion devait régner dans les corps qu'ils
avaient successivement engagés.

« Dans cette situation, il n'y avait pour
nous, dit le général Serré de Rivière, que
deux partis à prendre pour rétablir les communications de l'armée avec l'intérieur, ou
attaquer l'ennemi et le rejeter de l'autre côté
de la Moselle, ou se dérober par une marche
rapide vers Briey, dans la direction du nord.
Toute hésitation, tout retard devaient être
fatals, car ils permettaient à l'ennemi de
s'établir sur la ligne de retraite de l'armée.
Ce fut là le moment décisif de la campagne. »

Aucune de ces combinaisons ne se présenta à l'esprit du maréchal ; il ne songea
qu'à se replier sous Metz, pour ne reprendre
sa marche qu'après le ravitaillement de
l'armée. Ainsi, ce n'est pas la crainte de ne
pouvoir s'ouvrir la route de Verdun qui
l'arrête, mais seulement la pénurie des vivres
et des munitions. Il a été prouvé depuis que
le 16 au soir l'armée était suffisamment
approvisionnée pour continuer sa marche.

VI

Saint-Privat-la-Montagne ou Amanvillers. — Gravelotte.

(18 août.)

Comme le soir de Borny, deux jours auparavant, les nombreux blessés du 18 août, après les premiers pansements dans les ambulances du champ de bataille, furent transportés à Metz, où les accueillit avec un empressement et un dévouement admirables la patriotique population tout entière. Pauvres et riches, tous rivalisèrent de dévouement à leur égard.

Dès le 17 au matin, chacun se pressait devant l'affiche suivante que le commandant de place avait fait apposer dans tous les quartiers :

APPEL AU DÉVOUEMENT DES HABITANTS DE METZ.

« La bataille de Rezonville a été glorieuse pour nos armes; l'ennemi a été vigoureusement repoussé.

« Mais le nombre des blessés est très considérable; nos casernes en sont remplies; il devient presque impossible de donner à ces braves soldats tous les soins qu'ils méritent.

« Dans cette circonstance, le commandant supérieur de Metz vient, avec une entière confiance, faire appel au patriotisme des habitants. Il n'est pas dans la ville un seul citoyen qui ne regarde comme un devoir sacré de recevoir dans son domicile un certain nombre de blessés.

« Les convois arrivent par la porte de France; présentez-vous au Fort-Moselle, et recueillez chez vous les héros blessés de la bataille de Rezonville.

« *Le commandant supérieur de la place de Metz,*

« COFFINIÈRES.

« Metz, le 17 août 1870. »

Les habitants de Metz n'avaient point besoin de cet appel pour montrer leur patriotisme. Ils avaient déjà commencé dans la nuit à se mettre à la disposition de nos blessés à mesure qu'arrivaient les convois ; ils continuèrent pendant toute la journée du 17, durant laquelle le triste et douloureux défilé des cacolets, des litières, des chariots de toutes sortes, ne discontinua pas. Tous voulaient avoir chez eux des blessés à soigner : plus de deux mille furent ainsi recueillis chez les habitants. Pour les soigner convenablement, bien des familles pauvres s'imposèrent les plus dures privations. Les femmes de toutes les conditions se transformèrent en sœurs de charité : la grande dame et la simple ouvrière se coudoyaient au chevet de nos glorieux mutilés et ensemble rivalisaient patriotiquement de courage et d'abnégation.

Après avoir annoncé à l'empereur qu'il allait s'établir sur la ligne de Vigneulles-Lessy, le maréchal hésita devant l'exécution d'un mouvement rétrograde aussi prononcé et se décida à occuper, le lendemain 17, une position intermédiaire en avant du vallon de Monvaux, entre Rozérieulles et Saint-Privat. Sa détermination de rentrer sous Metz était cependant bien arrêtée ; car, après avoir dicté les ordres qui allaient reporter l'armée sur ses nouvelles positions, le maréchal, s'adressant à des officiers de son état-major, leur dit :

« Si quelqu'un d'entre vous voit quelque chose de mieux à faire, je suis prêt à l'écouter. Du reste, il faut sauver l'armée, et pour cela revenir sous Metz. »

Ces paroles du maréchal ne concordaient guère avec ce qu'il télégraphiait à l'empereur le 17 août :

« J'ai établi l'armée du Rhin sur les positions comprises entre Saint-Privat-la-Montagne et Rozérieulles. Je pense pouvoir me remettre en marche après-demain en prenant la direction plus au nord, de façon à venir déboucher sur la gauche de la position d'Haudiomont, dans le cas où l'ennemi l'occuperait en force pour nous barrer la route de Verdun et pour éviter des combats inutiles qui retardent notre marche.

« Le chemin de fer des Ardennes est toujours libre jusqu'à Metz; ce qui indique que l'ennemi a pour objectif Châlons et Paris. On parle toujours de la jonction des armées des deux princes. Nous avions devant nous hier le prince Frédéric-Charles et le général Steinmetz. »

Le parti auquel s'arrêtait le maréchal, dit le général Serré de Rivière, allait rendre bien difficile l'exécution des projets de départ

Défense de Sainte-Marie-aux-Chênes.

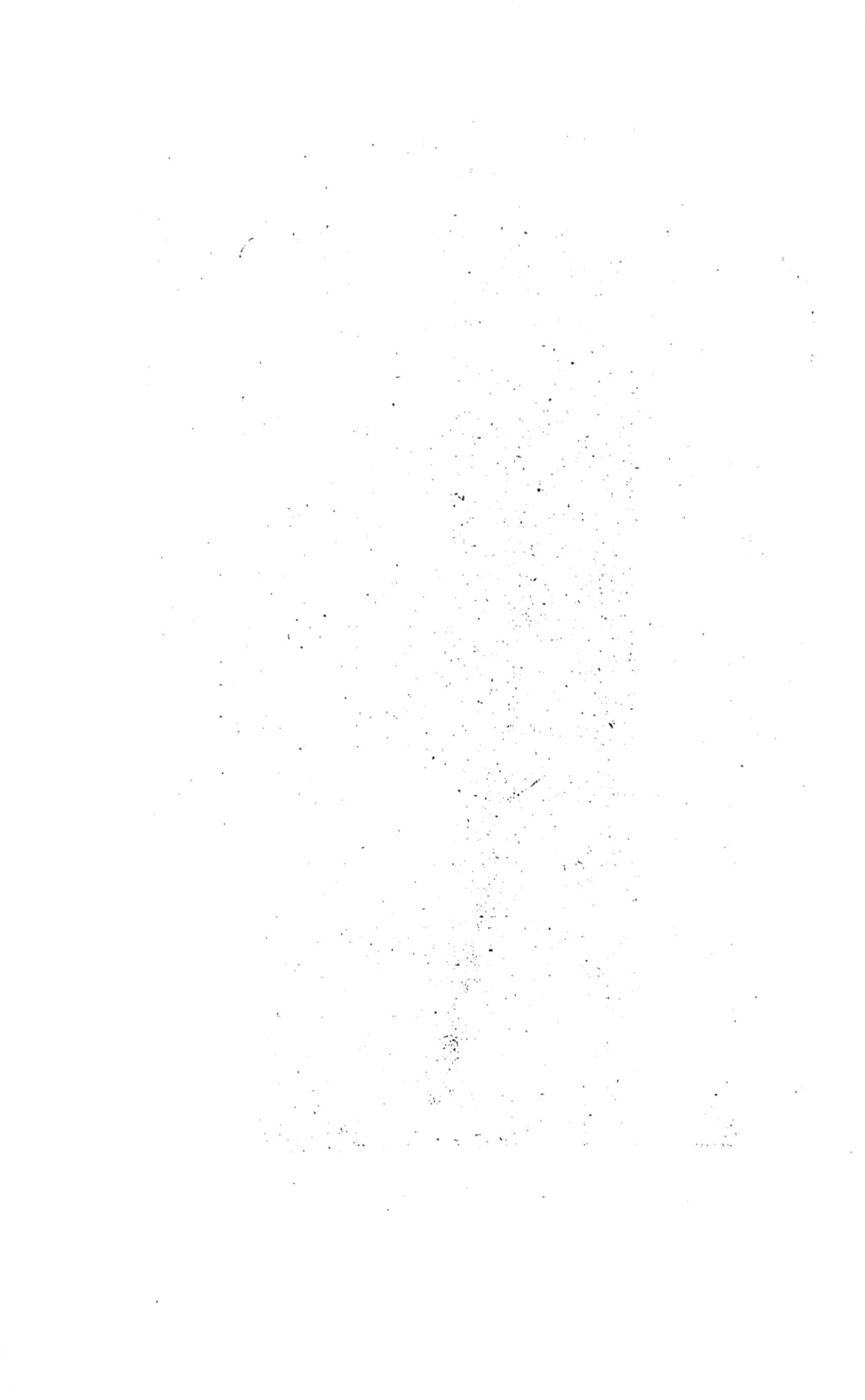

qu'il communiquait à l'empereur. En reportant l'armée en arrière des positions qu'elle avait glorieusement conservées la veille, le maréchal laissait à l'ennemi toute facilité pour venir s'établir sur les routes d'Etain et de Briey. De plus, loin de diminuer les chances d'une rencontre, sa résolution rendait un combat inévitable pour s'ouvrir un passage vers le nord.

Quant à la question de réapprovisionnement de munitions et de vivres qui empêchait, d'après lui, le maréchal de continuer le 17 sa marche sur Verdun, nous avons déjà vu, à la fin du chapitre précédent, qu'il n'avait pas sujet de s'en préoccuper à ce point. Le rapport du général Serré de Rivière a d'ailleurs prouvé que, en ce qui concernait la pénurie de vivres, les assertions du maréchal étaient inexactes : l'armée était abondamment pourvue. Le rapporteur du conseil de guerre a exposé fort justement en outre que, en supposant que le maréchal Bazaine ait eu des appréhensions à cet égard, c'était une raison de plus pour lui de précipiter sa marche sur Verdun, sachant que l'intendant général Wolff avait disposé des approvisionnements considérables sur toute la route, et que, en laissant Metz derrière lui, il importait de ne pas priver cette place de ses provisions de bouche.

Bazaine avait d'ailleurs de fortes chances de réussir à effectuer son mouvement sur Verdun en attaquant résolument l'armée allemande le 17 août. Le maréchal Canrobert a, en effet, reconnu dans sa déposition devant le conseil de guerre du Grand-Trianon, avec quelques restrictions, il est vrai, qu'on avait grande chance de battre l'ennemi en l'attaquant le 17.

« La garde avait été magnifique (le 16 août), a-t-il déclaré; mon corps s'était vaillamment conduit; celui de Ladmirault avait obtenu un succès réel. Je crois qu'il eût été possible de marcher, mais je suis loin de l'affirmer d'une façon catégorique. Il y avait des motifs d'être prudents. Ainsi, le 18, je passai sur mon front de bandière, et, en inspectant mes régiments, je remarquai bien vite qu'il y avait là quelque chose et qu'ils n'avaient pas l'air qu'ils ont ordinairement sur les champs de bataille. Je m'informai auprès d'eux. « Nous avons faim, « nous n'avons pas de quoi manger, » me dirent-ils; et c'était la vérité.

« Voici comment le soldat avait fait. On lui avait distribué pour les 14, 15, 16, 17, 18. Il était muni en vivres pour jusqu'au 18 août, le 18 compris; mais vous savez ce qu'est le soldat en campagne. Il avait mangé un jour d'avance. Vous savez comment cela se passe.

Non seulement le soldat n'avait ni pain, ni biscuit, mais il n'avait pas d'eau ; il n'y en avait pas à Saint-Privat. Les soldats se sont battus toute la journée sans avoir ni mangé ni bu. Tout cela me fait supposer que le mouvement en avant aurait rencontré des retards, des difficultés ; cependant je crois qu'on aurait pu l'exécuter ; mais encore une fois je ne l'affirme pas. »

Ainsi, c'est à jeun, sans avoir pu réparer leurs forces par la moindre nourriture, que beaucoup de nos soldats se sont héroïquement battus pendant toute la journée du 18 et ont finalement réussi, comme on va le voir, à demeurer maîtres de la plus grande partie du champ de bataille. A plus forte raison, se seraient-ils bien battus le 17, alors qu'ils n'avaient pas encore épuisé leurs vivres de marche, et avaient ils une chance sérieuse de se débarrasser de l'ennemi — moins nombreux ce jour-là que le lendemain — en le jetant dans la Moselle.

Laissons maintenant pour un instant la parole au général Serré de Rivière, qui va nous faire connaître les positions occupées par l'armée française au moment de la bataille du 18 août, et la résistance énergique du 6e corps, commandé par le maréchal Canrobert.

Pendant la journée du 17, dit-il, l'armée

s'établit en bataille sur les crêtes qui forment
à l'ouest la berge du vallon de Monvaux. Sa
gauche s'appuyait au ravin de Rozérieulles;
sa droite s'étendait jusqu'au delà du village
de Saint-Privat, point culminant du terrain
entre l'Orne et la Moselle. C'est en arrière de
Saint-Privat que se détache du plateau le
contrefort du Saint-Quentin, encadré par les
vallons de Monvaux et de Saulny. Il était de
la plus haute importance de demeurer maître
de la naissance de ce contrefort, car le mouvement de concentration que préparait en ce
moment le maréchal allait ramener l'armée
sur les hauteurs du Saint-Quentin, et la possibilité de reprendre la marche vers le nord
était subordonnée à la possession du seul
débouché sur le plateau qui allait rester
entre nos mains....

Cependant, l'armée était rangée en bon
ordre sur ses positions, la garde et l'artillerie
de réserve groupées au Saint-Quentin. On
attendait de pied ferme l'ennemi, dont les
masses s'ébranlèrent dans la matinée du 18.
L'attaque commença vers onze heures et se
prolongea pendant toute la journée par une
série d'assauts dont l'intensité allait toujours
en croissant vers la droite. Comme tout l'indiquait, les efforts accumulés de l'ennemi se
portèrent sur cette aile de notre armée, qui
seule pouvait être débordée et entourée.

Trois corps d'armée, s'élevant ensemble à
90,000 hommes, munis de deux cent quatre-
vingts bouches à feu, se réunirent pour
accabler le 6e corps, qui n'avait à leur
opposer que 26,000 hommes, soixante-dix-
huit bouches à feu mal approvisionnées, et
pas une seule batterie de mitrailleuses, sur
un terrain admirablement propice à l'emploi
de cette arme nouvelle. La résistance du
maréchal Canrobert fut héroïque ; elle aurait
triomphé des efforts de l'ennemi, si la garde
et l'artillerie de réserve avaient été envoyées
à temps à son secours....

Nous allons voir qu'il n'en fut rien. Le
maréchal Bazaine se borna à envoyer à Canrobert deux seules batteries de réserve et
quelques caissons et laissa inactives et inutiles au fort Saint-Quentin, où elles étaient
massées sous le commandement de Bourbaki, l'artillerie de réserve de la garde
(composée de quatre batteries) et la réserve
générale, forte de douze batteries, — en tout
quatre-vingt-seize bouches à feu.

En effet, vers six heures du matin, on
avait aperçu du quartier général du 3e corps
des troupes nombreuses qui, marchant déployées dans les plaines basses, situées en
arrière de Gravelotte, se dirigeaient de gauche
à droite en faisant un grand mouvement de
conversion. Frappé de cette marche, qu'il

distinguait a grande distance, le maréchal Lebœuf en prévint le général en chef, qui répondit de s'établir solidement sur la position et de la conserver à tout prix.

Dès neuf heures du matin, le commandant du 3e corps signale de nouveau au maréchal Bazaine des mouvements considérables de troupes en avant du front des 2e et 3e corps. Le maréchal Bazaine en avise, vers midi et demi, le maréchal Canrobert, et, en lui prescrivant de tenir ferme à Saint-Privat, il lui annonce l'envoi de munitions.

A dix heures un quart, le maréchal Canrobert informe le général en chef de l'apparition de quelques troupes ennemies à Vallery.

Vers midi, il prévient qu'un combat sérieux s'engage et que la rareté des munitions l'oblige à ralentir le feu de son artillerie. Le maréchal Bazaine lui fait répondre qu'il donne des ordres pour qu'une division de la garde et une de l'artillerie aillent le soutenir.

Vers une heure, le maréchal Lebœuf télégraphie que des forces très nombreuses prononcent leur attaque sur toute la ligne.

A une heure et demie, le maréchal Canrobert répond par l'officier qui lui a porté l'ordre de tenir ferme à Saint-Privat, qu'il résistera autant qu'il le pourra et qu'il aura des munitions, mais qu'elles s'épuisent et qu'il n'en a pas encore reçu de nouvelles.

A deux heures et demie, il dépêche au
maréchal le capitaine d'artillerie de Chalus
pour hâter l'envoi des munitions déjà de-
mandées et en ramener lui-même, s'il est
possible. Cet officier, conduit auprès du
maréchal, lui explique en détail, sur une
carte, la situation de l'aile droite, et ne lui
dissimule ni la gravité de la position du
6° corps, ni les inquiétudes qu'elle cause à
son chef. Il obtient et emmène quatre caissons d'artillerie.

A cinq heures, le commandant du 6° corps
adresse au général en chef un billet ainsi
conçu :

« L'attaque a cessé sur le front du 4° corps
pour se porter plus intense sur la droite
du 6°; un feu d'artillerie considérable a
presque éteint le nôtre. Les munitions me
manquent. »

Enfin, à sept heures, le maréchal Canrobert annonce que le 6° corps est contraint
d'évacuer Saint-Privat qui est en feu, et où
il n'y a plus possibilité de tenir.

Malgré une infériorité numérique considérable, le brave Canrobert et ses vaillants
soldats avaient ainsi tenu jusqu'au dernier
moment, malgré un message décourageant
que le maréchal Bazaine avait, dès quatre
heures, fait transmettre au commandant du

6e corps par le capitaine de Beaumont; dès
ce moment de la journée il lui avait fait dire
en effet qu'il ne le soutenait plus; cependant,
Canrobert n'avait pu se résoudre à reculer
et avait tenu trois heures encore jusqu'à ce
que l'incendie de Saint-Privat, plus encore
que le feu de l'ennemi, le forçât à se retirer
de ce brasier.

Pendant que le 6e corps était ainsi écrasé
à Saint-Privat, les 2e, 3e et 4e corps, établis
sur toute la ligne d'Amanvillers, Roche-
reulles et Saint-Privat, résistaient victorieu-
sement aux attaques successives des Prussiens, des Hessois et des Saxons.

Le 4e corps, commandé par le général de
Ladmirault, campé à Amanvillers, avait vu,
dès onze heures du matin, tomber dans les
rangs de sa cavalerie le premier obus prussien, bientôt suivi d'une grêle ininterrompue
d'autres projectiles de l'artillerie ennemie.
Bientôt le clocher de l'église d'Amanvillers
prend feu; mais les vaillantes divisions du
4e corps ne bronchent pas; elles attendent
de pied ferme l'attaque des colonnes ennemies qui vont déboucher des bois de la Cusse
et des Génivaux. Toutefois celles-ci, qui, au
début, cherchèrent à diverses reprises, en
longeant la lisière du bois de la Cusse, à
s'emparer des hauteurs d'Amanvillers, furent
chaque fois refoulées par notre artillerie, .

dont les projectiles faisaient de larges trouées dans leurs masses profondes.

A midi et demi, trois héroïques soldats du 13ᵉ de ligne et du 5ᵉ bataillon de chasseurs à pied faisant partie de la division Grenier — le sergent-major Bohant, le clairon Murat et le chasseur Hamoniaux — s'emparent d'une batterie ennemie de six pièces qui s'était imprudemment avancée trop près de cette division, postée auprès du bois de Saint-Germain, à environ un kilomètre d'Amanvillers.

Au bout de sept heures de lutte continuelle et acharnée, l'artillerie du 4ᵉ corps se trouve dans l'impossibilité de répondre au feu de nos ennemis, car presque tous nos artilleurs sont tués ou blessés. Alors l'infanterie supplée à tout par son feu de mousqueterie, et jusqu'à la nuit l'ennemi ne peut faire aucun progrès : partout nos vaillants soldats tiennent leurs positions avec la plus grande énergie.

A la gauche de notre 4ᵉ corps, la 1ʳᵉ division du 3ᵉ, commandée par le général de Montaudon, se tient à l'extrémité nord du bois des Génivaux et empêche tout le jour la 18ᵉ division allemande de tourner nos positions. Dès le début de l'action, le général Metman, commandant la 3ᵉ division de ce même corps, fait occuper le bois des Génivaux par le 7ᵉ bataillon de chasseurs à pied, et ne cesse pendant toute la journée d'opposer une résistance acharnée à l'artillerie et aux colonnes ennemies : il réussit finalement à empêcher encore la dernière tentative des Prussiens, qui cherchaient à tourner sa gauche, et les contraint à ne pas dépasser la ferme de Saint-Hubert.

Les Allemands n'ont pas plus de succès contre la division Aymard — la 4ᵉ — « placée à la gauche de la ligne de bataille du 3ᵉ corps d'armée, et leurs efforts contre la ferme de Saint-Hubert sont rompus par la résistance énergique et calme de nos soldats. » Cette division défendit vaillamment le centre du plateau de la ferme de Moscou, qui était « la clef du défilé par lequel on descend sur Châtel-Saint-Germain ».

Notre 2ᵉ corps, général Frossard, si éprouvé l'avant-veille à Rezonville, eut encore, le 18 août, à repousser l'attaque du VIIIᵉ corps allemand. Posté au Point-du-Jour, il défendit à outrance cette position pendant toute la journée et s'y maintint vaillamment.

Ainsi, ce jour-là encore, à huit heures du soir, lorsque la nuit força les combattants à suspendre leur feu, un seul de nos corps d'armée, le 6ᵉ, que Bazaine avait laissé sans renforts lutter toute la journée contre des forces de beaucoup supérieures, un seul se

trouvait obligé de battre en retraite devant
les 37,000 hommes du XIIe corps saxon venus
au dernier moment renforcer les autres
masses allemandes qui l'attaquaient depuis
le matin sans parvenir à le faire reculer. Un
autre, le 4e, se trouvait débordé, il est vrai,
mais était cependant presque partout demeuré sur ses positions. Le reste de notre
armée, nos 2e et 3e corps, avait bravé avec
succès l'acharnement de l'aile droite prussienne, lui avait infligé de dures épreuves, et
ces deux corps français demeuraient fermes
après avoir repoussé toutes les attaques.

Répétons que, pour obliger Canrobert à
abandonner Saint-Privat, les Allemands
avaient concentré contre lui l'effort de vingt-
six batteries et d'environ 100,000 hommes,
alors que le vieux maréchal ne disposait
plus que d'environ 20,000 combattants, et
cependant, presque jusqu'à la nuit, « trop
faible en infanterie pour refouler l'ennemi,
lisons-nous dans *Français et Allemands*, écrasé
par l'artillerie dès qu'il prend l'offensive,
Canrobert attend.... Il attend la garde française, et c'est le corps saxon qui paraît à sa
droite.... Tourné, menacé de tous côtés, ce
vaillant homme de guerre va encore longtemps opposer une résistance indomptable à
cette armée immense qui l'enveloppe et le
presse de ses 100,000 baïonnettes. »

Nous avons vu qu'il ne se retira de Saint-Privat que lorsque l'incendie de cette localité ne lui permit plus de s'y maintenir.

Ce fut l'artillerie de réserve de la garde et les soldats de Bourbaki qui protégèrent son mouvement de retraite.

Dans cette dernière période de la bataille, l'artillerie du 6e corps, qui n'avait plus que quelques coups à tirer, s'adosse au bois, près la route de Saulny, vis-à-vis de Saint-Privat, pendant que l'artillerie de la garde et deux batteries de la réserve s'établissaient au-dessus de la route de Châtel, en face d'Amanvillers. Cette masse de bouches à feu ouvre un feu très vif et arrête net l'offensive de l'ennemi. A huit heures et demie, le combat cesse sur toute la ligne.

Voici sur la bataille de Saint-Privat-la-Montagne ou Amanvillers — que les Allemands appellent Gravelotte — les impressions d'un témoin ému de ce grand drame. Nous les trouvons dans le *Carnet d'un prisonnier de guerre,* écrit au jour le jour par le capitaine Meyret, officier de la Légion d'honneur, du 1er voltigeurs de la garde.

« *18 août. — Dix heures.* — Soleil splendide. Au loin, les feux de bivouac de toute l'armée établie de Moulins-lès-Metz et Jussy à Saint-Privat, sur la route de Saulny. Nos positions sont excellentes, mais des masses énormes d'ennemis traversent la Moselle ; nous aurons à combattre l'armée du roi et celle de Steinmetz, bien près de 300,000 hommes, et nous en avons 120,000 en ligne, avec une artillerie inférieure en qualité et en quantité. Il est vrai que notre fusil est supérieur.... Ordre de départ !! Le camp reste intact, cinquante hommes préposés à sa garde.... Une reconnaissance sans doute.

« *Onze heures*. — Ce que nous appelons une reconnaissance est tout simplement une grande bataille ; nous faisons halte dans le village de Châtel-Saint-Germain ; des officiers d'état-major galopent affolés ; toute la garde est restée au Saint-Quentin. Cependant notre brigade seule est déplacée.... Bon ! voilà la danse qui commence ; les paysans se sauvent ; l'un d'eux nous dit que, de Gorze à Conflans, tout le pays est noir de Prussiens. En effet, les deux armées nous attaquaient avec 270,000 hommes et huit cents pièces de canon.

« Canonnade épouvantable.... Allons-y gaiement ! Trois batailles en cinq jours.

« *Deux heures*. — Un instant d'accalmie.... Les fermes de Moscou, Leipsick, le Point-du-Jour, sont en flammes ; l'ennemi est repoussé ; un grand coquin d'arbre desséché qui ressemble à une potence a bien reçu vingt obus, il a la vie dure. Voilà la ferme

de Saint-Hubert qui s'allume. On avait eu
raison de creuser quelques tranchées-abris ;
sans elles, nous serions détruits depuis longtemps ; panique sur la droite prussienne,
des fuyards sur la Moselle.

« Allons ! voilà encore une poussée en
avant ! Quel défilé de blessés !....

« *Six heures*. — C'est fini de notre côté,
l'ennemi est écrasé. Mais la droite fait un
train d'enfer ; trois officiers d'état-major
viennent demander des renforts ; le brigadier
répond : « J'ai l'ordre de rester ici. » L'un
d'eux verse des larmes et supplie : rien....
Jamais nous n'avons entendu canonnade pareille, tout est en feu à l'horizon, vers le
nord : Amanvillers, Saint-Privat, tout brûle
dans un tonnerre d'artillerie.

« *Sept heures*. — Une immense clameur
glace notre sang, on se regarde ; le feu a
cessé sur toute la ligne, quelques pièces
d'artillerie descendent à fond de train sur la
voie ferrée, dans le ravin de Châtel. Nous
voyons arriver un état-major sur lequel
roulent encore quelques obus en retard ·
c'est le général de Ladmirault, qui dit à
notre colonel en passant : « Canrobert a
« lâché pied, nous étions vainqueurs à
« gauche et au centre. »

Dans la soirée du 18 août, la fin du combat
laissait inoccupées la naissance du contrefort

de Saint-Quentin et la route de Saulny. L'ennemi, maître de Saint-Privat, n'avait pu le
dépasser. En résumé, une grande bataille
avait été livrée, dont le résultat n'était pas
un succès comparable à celui de Rezonville,
mais ce n'était pourtant pas une défaite, et
l'armée était encore en état de reprendre sa
marche à l'intérieur. Loin de songer à agir
ainsi, le maréchal Bazaine fit reporter « les
lignes de l'armée bien en arrière de la route
et du bois de Saulny, et le 2ᵉ et le 3ᵉ corps,
qui, pendant toute la journée, avaient conservé leurs positions, durent venir rejoindre,
au petit jour, le reste de l'armée accumulée
sous l'appui des forts. »

Le commandant en chef de l'armée de
Metz ne rédigea son rapport à l'empereur sur
les opérations militaires du 18 août que le
lendemain 19, et, le télégraphe de Thionville
étant coupé par les Allemands, il ne l'expédia
que le 20, à trois heures de l'après-midi, par
Verdun, par le garde Braidy, auquel il le
remit lui-même. Voici les termes de ce
rapport :

« L'armée s'est battue hier toute la journée sur les positions de Saint-Privat-la-
Montagne à Rozérieulles, et les a conservées.

« Les 4ᵉ et 6ᵉ corps ont fait, vers neuf
heures du soir, un changement de front,

l'aile droite en arrière, pour parer à un mouvement tournant par la droite, que des masses ennemies tentaient d'opérer à l'aide de l'obscurité. Ce matin, j'ai fait descendre de leurs positions les 2e et 3e corps, et l'armée est de nouveau groupée sur la rive gauche de la Moselle, de Longeville au Sansonnet, formant une ligne courbe, passant derrière les forts du Saint-Quentin et de Plappeville. Les troupes sont fatiguées de ces combats incessants, qui ne leur permettent pas les soins matériels, et il est indispensable de les laisser reposer deux ou trois jours.

« Le roi de Prusse était ce matin à Rezonville avec M. de Moltke, et tout indique que l'armée prussienne va tâter la place de Metz. Je compte toujours prendre la direction du nord et me rabattre ensuite, par Montmédy, sur la route de Sainte-Menehould à Châlons, si elle n'est pas fortement occupée; dans le cas contraire, je continuerai sur Sedan et même Mézières, pour gagner Châlons. »

VII.

Les débuts du siège. — Une sortie se prépare. — La conférence du 26 août. — Sortie et combat de Noisseville (31 août). — Actions héroïques.

Après la bataille de Saint-Privat, on pouvait encore, avons-nous vu, tenter d'effectuer la retraite sur Verdun et Châlons, mais à la condition d'agir immédiatement. Deux jours après, il était déjà trop tard. A la suite de la jonction des armées allemandes qui venait de s'effectuer le 18 août, nos ennemis avaient encore une fois mis activement le temps à profit et avaient pris position de façon à enserrer l'armée de Metz dans un cercle compact qui allait devenir plus difficile à franchir de jour en jour.

Quant au maréchal Bazaine, il s'occupa uniquement, les 19, 20 et 21 août, à établir l'armée sur le terrain, à la reformer et à

9

reconstituer ses approvisionnements en munitions d'artillerie. Grâce à l'activité déployée par l'arsenal de Metz et à la découverte d'un convoi de quatre millions de cartouches, qui était demeuré confondu dans la gare avec du matériel de toute sorte, l'armée se trouvait, à la date du 22 août, presque aussi bien pourvue qu'au début de la campagne. Cette heureuse nouvelle fut annoncée au maréchal Bazaine par le général Soleille, qui demanda formellement qu'elle fût communiquée à l'armée.

Nos soldats se trouvant ainsi réapprovisionnés en munitions presque comme au commencement de la guerre, une sortie fut préparée pour le 26 août. Celle-ci n'eut lieu cependant que le 31. Nous allons voir pour quels motifs elle fut retardée de cinq jours.

Le 17 août, dans la soirée, le maréchal avait envoyé à l'empereur et au maréchal de Mac-Mahon, au camp de Châlons, le commandant Magnan et l'intendant de Préval, avec mission de leur faire connaître la situation de l'armée de Metz, et de se concerter avec eux en vue d'une réunion possible des deux armées, après que nos soldats de Metz auraient tenté un nouvel effort pour traverser les masses allemandes. Il ne s'agissait plus pour Bazaine de se diriger sur Verdun; dès ce moment, il indiquait Montmédy comme point probable de jonction.

« Ainsi, dit le général de Rivière, le commandant Magnan était chargé d'annoncer à
Châlons que l'armée se portait vers Montmédy, et l'intendant de Préval devait former,
sur la route de cette place, un centre d'approvisionnements. On doit sans doute voir dans
les prescriptions données à l'intendant de
Préval une mesure de prévoyance plutôt que

Le maréchal DE MAC-MAHON.

l'indice d'un projet bien arrêté de percer,
coûte que coûte. »

Le 23 août, arriva à Metz une dépêche
annonçant la marche de l'armée de Châlons
sur Montmédy. Malgré son désir bien naturel
de couvrir immédiatement Paris, Mac-Mahon
n'avait pas voulu abandonner Bazaine, et il
se résolvait à faire tous ses efforts pour

l'aider à sortir de l'impasse où il se trouvait placé sous Metz. « Abandonner le maréchal Bazaine, que je croyais pouvoir voir arriver d'un moment à l'autre sur la Meuse, me causait un véritable chagrin, » a-t-il déclaré devant la commission d'enquête du 4 septembre. Il se mit donc en route incontinent, mais fort inutilement et très malheureusement pour la France, car il demeura isolé et fut forcé de se retirer sur Sedan. En effet, Bazaine ne mit pas la même ardeur à effectuer ses mouvements; il retarda jusqu'au 31 août la sortie qu'il avait annoncée à Châlons, peut-être avec le secret espoir que Mac-Mahon ne pourrait pas venir à son secours.

Toutefois, devant l'annonce de l'arrivée de l'armée de secours, il fallait nécessairement venir en aide au maréchal de Mac-Mahon, ou, tout au moins, paraître tenter une diversion en sa faveur.

Ce fut dans ce dernier ordre d'idées que le maréchal Bazaine se décida à concentrer l'armée, le 26 août, sur la rive droite de la Moselle, pour y attirer une partie des forces ennemies et attendre ainsi les événements sans compromettre ses troupes et sa propre situation.

Ce fut dans la nuit du 25 au 26 que furent expédiés les ordres de marche pour le lendemain. L'armée devait se mettre en mouve-

ment au jour pour passer sur la rive droite de
la Moselle, et essayer de déboucher sur les
plateaux situés en avant du fort Saint-Julien.

« Si l'affaire qui allait s'engager eût été
sérieuse, dit le général Serré de Rivière, on
aurait commencé l'attaque dès le point du
jour avec les troupes campées déjà sur la
rive droite, en les faisant soutenir par les
différents corps au fur et à mesure de leur
arrivée. On n'en fit rien, et l'on attendit que
toutes les troupes fussent à peu près massées
sur le plateau.

« Puisque l'on s'assujettissait à cette condition, il fallait au moins accélérer la traversée
de la Moselle en utilisant les deux ponts de la
ville.... On n'utilisa pas le pont Tiffroy, ce qui
retarda d'autant le passage. Enfin, les mesures
avaient été prises de telle sorte, que le défilé de
l'armée, commencé à cinq heures du matin, ne
fut pas terminé à trois heures de l'après-midi.

« Pendant ce temps, l'ennemi, qui des
hauteurs de la rive gauche suivait tous nos
mouvements, se portait en toute hâte vers le
point menacé. Le gros de ses forces était
encore massé sur les plateaux de l'Orne, en
sorte qu'il n'y avait devant nous qu'un
simple cordon de troupes qu'on aurait traversé sans difficulté. C'est ainsi que les
avant-gardes du 3e corps qui avaient été
portées un peu en avant, ne trouvèrent per-

sonne à Neuilly, à Noisseville, à Colombey, positions dont la prise devait coûter tant de sang quelques jours après.

« Vers deux heures, presque toute l'armée avait enfin débouché en avant du fort Saint-Julien et n'attendait que le signal d'attaquer, lorsque, au lieu d'engager le combat, le maréchal fit appeler les commandants d'armes à la ferme de Grimont, pour conférer sur la situation. »

Donc, le 26 août, à deux heures, les commandants des 2e, 3e, 4e et 6e corps d'armée, le commandant en chef de la garde impériale, le général commandant l'artillerie de l'armée, le général commandant supérieur de la place de Metz, vinrent au château de Grimont et furent priés de donner leur avis sur la situation. Seulement, le maréchal Bazaine — cela a été malheureusement prouvé depuis — ne mit pas ses lieutenants au courant des dernières dépêches qu'il avait reçues de Châlons : ils ignoraient donc la marche du maréchal de Mac-Mahon.

Dans ce conseil, chaque commandant de corps d'armée, à la suite des trois batailles meurtrières qui venaient d'être livrées, parut préoccupé de ne pas compromettre l'armée par une nouvelle tentative trop rapidement formée contre l'armée allemande. Cependant tous étaient d'avis de ne point demeurer dans

l'inaction. Voici d'ailleurs l'opinion formulée
ce jour-là par le maréchal Canrobert, telle
que nous la trouvons dans le compte rendu
de la conférence, opinion conforme à celle de
la plupart des autres généraux :

Son Excellence le maréchal Canrobert se
range absolument à l'avis émis par le
général Soleille et par le général Frossard,
en ce qui concerne la nécessité de ne point
compromettre l'armée par un mouvement
offensif. Mais il y met une condition : « Le
moral de l'armée, dit-il, ne sera maintenu,
l'armée ne vivra, même moralement, qu'à la
condition de ne point rester inerte. Frappons
des coups de tous les côtés, donnons des
coups de griffe partout et incessamment.

« Sortir de Metz pour s'allonger dans
l'intérieur du pays avec ces colonnes im-
menses de bagages, de vivres, d'artillerie,
que nous entraînons à notre suite et sur une
seule ligne, est chose impossible.

« La conclusion est qu'il faut rester sous
Metz, fatiguer l'ennemi, le frapper partout,
et, si l'on se décide à sortir, laisser tous les
impedimenta. »

Ce fut donc dans la conférence de Grimont
que surgit, pour la première fois, cette
pensée que l'armée ne devait pas quitter
Metz. Vis-à-vis de l'armée et du pays, il
n'avait jusqu'alors été question que de rou-

vrir les communications de l'armée avec
l'intérieur ; car, le 23 août encore, le maréchal entretenait l'empereur de son projet de
sortie. La conférence du 26 a été le point de
départ décisif du blocus de Metz.

Une armée a été improvisée à Châlons ;
son organisation est encore incomplète ; le
maréchal de Mac-Mahon, qui la commande,
le sait, et cependant, dans un sentiment
de généreuse abnégation, il s'est mis en
marche pour venir dégager l'armée de Metz.
Le maréchal Bazaine le sait en route, et
cependant il n'en informe pas les chefs de
corps réunis par lui à la conférence du
26 août, et laisse, sans rien dire, Mac-Mahon
s'exposer pour lui. Bazaine est en partie
responsable du désastre de Sedan.

Revenons maintenant aux opérations de
l'armée.

Il était deux heures environ lorsque, le
31 août (car, à la suite de la conférence du 26,
les opérations projetées avaient subi un retard
de cinq jours), toute l'armée fut massée sur
le plateau en avant du fort Saint-Julien.

« De toutes parts accourait l'ennemi, dit
le général Serré de Rivière. Le poste d'obser-
vation de la cathédrale avertissait à chaque
instant le maréchal des mouvements de concentration qui s'opéraient. Rien de plus saisis-
sant que la lecture de ces dépêches qui se

succédaient d'une manière continue, mais qui toutes trouvaient le maréchal imperturbable.

« Une fois l'armée réunie, il appelle les commandants de corps, leur donne ses instructions, puis l'idée lui vient de faire établir sur la route de Sainte-Barbe une batterie de gros calibre pour contre-battre l'artillerie ennemie. On va chercher les pièces au fort Saint-Julien. On construit aussi vite que possible un épaulement pour les couvrir. Pendant ce temps, l'ennemi se renforce, se masse, occupe les positions que, depuis le 26, éclairé par la démonstration faite ce jour-là, il a fortifiées et puissamment armées. Enfin, à quatre heures, le signal est donné, et le combat s'engage.

« L'on sait quels efforts exigea la prise des positions de Neuilly et de Noisseville qu'avaient occupées, sans coup férir, le 26, les avant-gardes du 3ᵉ corps, et comment l'on n'avait encore atteint que le village de Servigny, quand la nuit vint forcément mettre un terme au combat.

« Nos troupes couchèrent sur le terrain qu'elles venaient de conquérir. Le 1ᵉʳ septembre, de grand matin, le maréchal expédia aux commandants des 3ᵉ, 4ᵉ et 6ᵉ corps, l'ordre confidentiel suivant :

« Selon les dispositions que l'ennemi aura
« pu faire devant nous nous devons conti-

« nuer l'opération entreprise hier, qui doit :
« 1° nous conduire à occuper Sainte-Barbe,
« et 2° faciliter notre marche vers Béthin-
« ville. Dans le cas contraire, il faudra
« tenir dans nos positions, s'y fortifier, et
« ce soir nous reviendrons alors sous Saint-
« Julien et Queuleu. Faites-moi dire par le
« retour de l'officier qui vous remettra cette
« note, ce qui se passe devant vous. »

« Un pareil ordre n'était que significatif,
et ne pouvait aboutir qu'à un mouvement de
retraite. C'est ce qui eut lieu ; il s'effectua en
bon ordre, et dans l'après-midi l'armée avait
regagné ses quartiers.

« A ce moment succombait sous les efforts
réunis des armées ennemies le maréchal de
Mac-Mahon, accouru au travers de tous les
périls au secours de son chef. »

A ce combat de Noisseville, comme du
reste pendant toute la première partie du
blocus, durant laquelle les opérations actives
de l'armée ne furent pas complètement
abandonnées, les traits d'héroïsme de nos
soldats continuèrent à être nombreux. Nous
allons en faire connaître quelques-uns.

Dans cette journée du 31 août, le sous-
lieutenant Albert Jullian, qui, sortant de
Saint-Cyr, n'était resté aux bataillons actifs
que sur ses instances, fît preuve d'un entrain
et d'une bravoure remarquables. Blessé

d'abord à la cuisse, il n'en reste pas moins devant sa section et la conduit à l'assaut (du village de Noisseville, occupé et fortifié par les Allemands) ; blessé de nouveau à la tête, il prend un fusil et crie à ses hommes : « En avant ! Suivez-moi ! » Il tombe enfin, frappé à mort par une troisième balle ; mais l'élan de ses soldats était décuplé.

Dès le début du siège, un peloton d'éclaireurs fut créé par le commandant en chef de l'armée française dans le but d'être tenu constamment au courant des opérations des Allemands. Il fallait pour cette mission des hommes hardis et décidés à ne reculer devant aucun danger. On les prit dans le 3ᵉ lanciers et on les mit sous le commandement du sous-lieutenant Bergasse. En les passant en revue le 24 août, le général Lapasset, sous les ordres immédiats de qui ils avaient été mis, leur donna ses instructions et leur dit en terminant :

« Vous allez avoir constamment la mort en perspective ; si cela vous plaît, restez auprès de moi ; sinon, rentrez au régiment. »

Personne ne recula. Tous acceptèrent unanimement la tâche périlleuse qui leur était confiée.

« Eh bien ! mes amis, ajouta alors le général, je vous remercie du service que vous êtes prêts à faire ; je vous en remercie en mon nom d'abord et surtout au nom de la France que vous avez à défendre. »

C'est de cet héroïque peloton que faisait partie le lancier Latapie, le plus jeune et le plus brave des éclaireurs, qui, le 26 septembre, se signala en rendant à l'armée un service important que M. le sous-lieutenant Alexandre nous fait connaître en ces termes dans l'*Historique du 15ᵉ dragons* :

« Le général Lapasset, ayant l'intention de faire arriver jusqu'à Peltre des troupes en chemin de fer, voulait se rendre compte de l'état de la voie ferrée. Il chargea son commandant d'éclaireurs de lui obtenir ce renseignement. La mission était difficile et périlleuse. Un stratagème seul pouvait aplanir, en partie, les difficultés à surmonter.

« Une heure après, l'officier et Latapie gagnaient les hauteurs qui conduisent à Peltre par une route qui longe le chemin de fer. Transformé en véritable paysan lorrain et armé d'une simple houssine, le lancier écoutait attentivement les recommandations de son supérieur : « Si les Prussiens te « prennent, lui disait celui-ci, tu leur diras « que tu fais partie des hommes du convoi, « qu'on ne te paye plus, et que, n'ayant rien « à manger à Metz, tu vas en chercher à « Peltre pour ne pas mourir de faim. »

« A trois ou quatre cents mètres, ils se

séparent, et Latapie, roulant une cigarette, s'en va en flâneur sur la grand'route.

« A vingt mètres des avant-postes (allemands) deux vedettes sortent de leur trou pour lui barrer le passage. Notre brave soldat, nullement intimidé par les baïonnettes qui effleurent sa poitrine, prend un air piteux pour répondre aux interpellations de l'ennemi ; et comme aucun d'eux ne sait le français, ils le conduisent à l'officier de service, qui, trompé par la bonasserie de ce lourdaud, le renvoie *crever de faim à Metz*.

« Le gaillard n'en demandait pas davantage ; il allume une seconde cigarette et revient avec le plus grand flegme, tout en continuant d'observer le bon état des rails. Mais il n'avait pas fait cent cinquante pas, que, son caractère reprenant le dessus, il fait face aux Prussiens et leur adresse le geste familier au gamin de Paris. Il se jeta prudemment dans le fossé qui bordait la route, et bien lui en prit, car les balles ne tardèrent pas à lui siffler aux oreilles. L'officier, qui avait suivi de loin les péripéties de cette comédie qui pouvait tourner au drame, eut le cœur débarrassé d'un grand poids lorsqu'il put serrer la main de ce courageux soldat. »

VIII.

La guerre à la prussienne. — Cruautés sauvages. —
Le blocus. — Inaction de Bazaine. — Les dernières
sorties.

On se rappelle que, au début des opérations
militaires, au commencement d'août, l'avant-
garde de l'armée du Rhin, commandée par le
général Frossard, avait pénétré sur le territoire allemand à la suite d'une légère escar-
mouche avec quelques soldats ennemis. A ce
moment, le 2 août, eut lieu à Sarrebrück,
ville allemande, un incident qui n'a en
somme quelque importance à nos yeux qu'à
cause des faits qui se produisirent par la suite,
pendant toute la durée de la guerre, et avec
lesquels il nous paraît bon de le mettre en
parallèle. Nous allons pour ce motif le rap-
peler en deux mots.

Donc, dans la soirée du 2 août, le général

Frossard, en pénétrant dans Sarrebrück, fit appeler sur la place publique le bourgmestre de cette ville. Ce magistrat se rendit à la convocation avec une appréhension facile à concevoir, car plusieurs habitants de la ville — et notamment des membres d'une société de tir — s'étaient mêlés dans la journée aux soldats allemands et avaient fait activement le coup de feu contre nos troupes. Le bourgmestre savait que le général Frossard en était informé et par suite redoutait de cruelles représailles.

Tout au contraire, « le commandant du 2ᵉ corps le rassure, lui dit que tout sera respecté dans sa ville, que la discipline la plus rigoureuse sera observée, et c'est ce qui fut fait. En agissant ainsi, le général Frossard voulait marquer ce que doit être la guerre vis-à-vis des populations en pays civilisé. Il devait croire que son exemple serait suivi par nos ennemis, s'ils pénétraient en France. »

Cette façon d'agir, tout simplement honnête et conforme aux usages de la guerre admis jusqu'alors, ne fut guère imitée par les Prussiens, quand ils furent entrés chez nous. Celles de nos malheureuses populations qui ont eu à subir leur présence ne s'en sont que trop aperçues. Nous avions dans nos envahisseurs un ennemi sauvage qui refusait aux habitants le droit de légitime défense.

Sous le prétexte que les Français n'étaient point régulièrement organisés comme les Prussiens en gardes mobiles et gardes nationaux, nos envahisseurs s'empressèrent de proclamer partout que tout civil qui essayerait de leur résister serait aussitôt fusillé. Et ils exécutèrent impitoyablement leur menace. Naturellement, nos gardes nationaux étaient considérés par eux comme n'étant que de simples civils.

La liste serait longue de tous les courageux citoyens qui, pour avoir accompli le devoir de défendre le sol sacré de la patrie, furent ainsi, faute d'un uniforme, passés par les armes, après un simulacre de jugement; car nos vainqueurs, qui inauguraient et imposaient ainsi à leur profit un code militaire jusqu'alors inconnu des nations civilisées, ne manquaient jamais de se couvrir d'une apparence de légalité.

« Seront punies de mort, dit une proclamation du roi de Prusse publiée le 17 août par la *Gazette de Francfort,* toutes les personnes qui, sans appartenir à l'armée française, servent d'espions à l'ennemi, donnent de fausses indications aux troupes allemandes en leur servant de guides, tuent ou pillent des personnes appartenant à l'armée allemande ou à sa suite, détruisent des ponts, des canaux, enlèvent des fils télégraphiques ou des rails de chemins de fer, rendent les routes impraticables, mettent le feu aux munitions, aux vivres, aux quartiers occupés par les troupes, prennent les armes contre les troupes allemandes.

« Pour chaque cas spécial, il sera institué un conseil de guerre qui examinera la cause et prononcera. Le conseil de guerre ne pourra prononcer d'autre peine que celle de la mort. La sentence sera suivie immédiatement de l'exécution. Les communes auxquelles appartiennent les coupables, ainsi que celles où le crime aura été commis, seront condamnées à une amende qui équivaudra au chiffre de leur impôt annuel. »

Puis, plus loin :

« Les habitants auront à fournir tout ce qu'exige l'entretien des troupes. Chaque soldat devra recevoir par jour 750 grammes de pain, 500 grammes de viande, 250 grammes de lard, 30 grammes de café, 60 grammes de tabac, cinq cigares, un demi-litre de vin, ou un litre de bière, ou un décilitre d'eau-de-vie. La ration d'un cheval est fixée par jour à 6 kilogrammes d'avoine, 2 kilogrammes de foin, 1 kilogramme de paille. Si les habitants préfèrent une indemnité en argent aux impositions en nature, ils devront donner 2 fr. par soldat. »

On voit par là que tout était prévu et cal-

culé d'avance ; même le vainqueur se piquait
de générosité ; car, à défaut de vivres, il
acceptait de l'argent.

Donc la population civile était exclue du
droit de la guerre chaque fois qu'il s'agissait
pour elle de se défendre. Par compensation,
sans doute, ce même droit de la guerre lui
était appliqué avec rigueur aussitôt qu'il était
question de payer. Etre constamment ran-
çonnée et se taire, tel était son unique droit.

Dès leur entrée en France, nos ennemis
s'empressèrent d'appliquer rigoureusement
le nouveau code militaire, qu'ils tenaient à
inaugurer sans retard. Comme exemples des
cruautés teutonnes, nous ne citerons que deux
faits, choisis entre plusieurs, et dont la ban-
lieue de Metz fut le théâtre : il est bon de bien
faire connaître une pareille façon d'agir et de
ne pas l'oublier.

Le premier de ces tristes exploits fut accompli le 15 août, à Ars-sur-Moselle, sur
l'ordre du général major von Wedell, commandant la 29ᵉ brigade d'infanterie de la
15ᵉ division du VIIIᵉ corps prussien.

La veille, raconte M. Dick de Lonlay, à qui
nous empruntons tous les détails de cette
barbare exécution, une reconnaissance de
trois uhlans venant de Novéant était arrivée
dans ce village et avait demandé à un paysan
où étaient les Français. Ce brave homme,

pour toute réponse, avait grimpé sur un petit monticule, d'où il avait jeté des pierres aux éclaireurs.

Apprenant cette circonstance, le général von Wedell, en passant le lendemain à Aney, veut venger ses uhlans. Il se fait indiquer la maison de l'homme qui a jeté des pierres, et y fait mettre le feu.

Puis, voyant beaucoup de portes fermées, il demande où en sont les habitants.

— Ils sont à la messe, lui répond-on.

— Eh bien ! brûlez les maisons dont les portes sont fermées, ordonne le général.

Et on lui obéit. Il fait également brûler les maisons d'un boulanger qui n'a plus de pain, d'un boucher qui n'a plus de viande, et d'un débitant qui a eu assez de vin pour griser le général et son escorte.

Au bureau de poste, tenu par une veuve dont le fils est soldat, les Allemands prennent les lettres, les livres et les timbres-poste.

« Rendez-moi mes timbres, implore la pauvre femme, ils sont à moi, et il faudra que je les paye. »

Ces dignes soldats rient et brûlent les timbres.

« Misérables ! leur crie la receveuse, mon fils me vengera. »

Cependant les pompiers d'Ars, attirés par les lueurs de l'incendie, arrivent au pas de

course avec leurs pompes pour porter secours. A cette vue, le général von Wedell,
titubant, les menace de son revolver, leur
criant en mauvais français :

« Il sera fait justice de toutes vos infamies. »

Puis, ce vil et barbare officier place des
dragons, le mousqueton au poing, à chaque
entrée du village, pour tirer sur tout pom-
pier ou habitant qui essayerait d'éteindre
l'incendie.

Cet acte de sauvagerie, indigne d'un
homme civilisé ; cette ruine de cent ménages,
qui n'eurent plus d'autre asile que les bois
et d'autre nourriture que celle que la charité
publique voulut bien leur donner, rangent le
général von Wedell au niveau des bandits,
et son nom mérite de rester une insulte pour
les soldats de toutes les nations.

Le lendemain, 16 août, justice était faite.
Ce misérable, qui avait déshonoré son uniforme et couvert son nom d'une honte éter-
nelle, tombait sur le plateau de Gravelotte,
mortellement frappé par les balles françaises, dès les premières heures de la bataille.

Quant au second des exploits prussiens
que nous allons mentionner ici, tel que nous
l'avons déjà raconté ailleurs, ce fut pendant
le siège de Metz qu'il eut lieu, et le village de
Peltre, situé à quelque distance de la place,
en fut le lamentable théâtre.

Ce village était occupé par les Prussiens.
Dans une sortie, les assiégés les en délo-
gèrent ; mais ceux-ci ne s'y étant point
maintenus, nos envahisseurs, à leur retour
au village, prétendirent que les paysans
s'étaient entendus avec les Français de Metz,
et le village fut brûlé. Durant deux jours,
méthodiquement, avec la régularité systé-
matique dont ils se piquent, les Allemands
répandirent du pétrole dans chaque maison
et, avec le plus grand sang-froid, y mirent
successivement le feu. Incendier le village
tout d'un coup, en une seule fois, n'aurait
point en effet produit le résultat cherché ;
tandis que les habitations flambant l'une
après l'autre, sans relâche, nuit et jour, devaient, à leur sens, inspirer une terreur
salutaire et susceptible de les faire redouter
davantage.

Au bout de deux jours, il ne restait du
village de Peltre que quelques pans de murs
calcinés et des ruines fumantes. Les flammes
avaient détruit toutes les maisons, sauf une.
Celle-ci — un établissement religieux — était
habitée par vingt-trois sœurs de charité, qui,
depuis le commencement du siège, n'avaient
cessé de soigner les blessés et les malades
prussiens. Un soldat vint leur intimer l'ordre
de sortir de leur logis, et, dès que la dernière
d'entre elles eut franchi la porte, le dernier

incendie fut allumé en présence de ces femmes de cœur, et les flammes dévorèrent sous leurs yeux indignés le paisible asile que leur charité et leur dévouement auraient dû rendre sacré.

Détail admirable : au plus fort de ce dernier incendie, le prince Frédéric-Charles fit demander six religieuses de Peltre pour soigner des blessés allemands dans une ambulance installée un peu plus loin. Jetant alors un dernier regard à leur asile embrasé, les nobles femmes répondirent simplement :

— Nous irons.

Et elles partirent, donnant ainsi une magnifique leçon d'humanité à ces impitoyables incendiaires qui, sans scrupule, acceptèrent leurs services.

Fermons maintenant la douloureuse parenthèse ouverte au sujet des cruautés prussiennes et revenons aux opérations du siège de Metz.

Nous aurions dû plutôt écrire : au *manque d'opérations*. En effet, à partir du 1er septembre, le maréchal renonça à toute opération importante. Le sort de l'armée se trouva donc lié désormais à celui de la place de Metz.

A dater également de l'inutile sortie de Noisseville, l'armée fut, durant de longs mois, laissée dans l'inaction la plus complète. A peine se produisait-il de temps en temps quelques insignifiantes escarmouches entre les postes avancés ou les fourrageurs des deux armées; mais le commandant en chef ne songeait plus à engager aucune opération militaire sérieuse. Pendant ce temps, le blocus de la place devenait de plus en plus rigoureux et formidable.

Ce ne fut que lorsque les approvisionnements de bouche réunis à Metz commencèrent à diminuer sérieusement que furent décidées les sorties des 2 et 7 octobre, dont nous allons parler tout à l'heure, plutôt pour donner satisfaction à l'ardeur de résistance de l'armée et des habitants de Metz, que dans le désir et l'espoir de forcer le cordon de plus en plus épais et formidable des ennemis, tranquillement installés autour de la place pour attendre patiemment que la faim les en rendît maitres à la longue.

Nous nous bornerons à mentionner ici que ce fut pendant ce long mois d'inaction que le maréchal Bazaine annonça à l'armée et aux Messins les désolantes nouvelles du désastre de Sedan et de la prise de Strasbourg par les Allemands, et que, dès le milieu de septembre, des négociations et des pourparlers furent engagés par lui en vue de la reddition de Metz avec le prince Frédéric-Charles, qui commandait l'armée assiégeante.

« Sa pensée, dit M. Périgot, fut-elle de

conserver l'armée de Metz, pour servir, après la paix et peut-être avec le secours des ennemis, au rétablissement de l'empire, et s'assurer le premier rang dans une régence ? On savait que ses ressources étaient loin d'être épuisées quand il entama des négociations avec Frédéric-Charles. Le général Boyer fut envoyé à Versailles, où on l'abusa par de feintes négociations jusqu'à ce que Metz fût réduite à l'extrémité. »

Nous n'avons point l'intention, en effet, de nous étendre sur cette partie politique des actes du maréchal Bazaine, flétrie à juste titre par le conseil de guerre qui l'a jugé et condamné. Ce n'est pas l'affaire de ce petit volume, destiné surtout à faire connaître les opérations militaires. Disons seulement que, dès le 23 septembre, le commandant en chef de l'armée de Metz se déclarait prêt à capituler avec les honneurs de la guerre.

Mais les soldats et les autres chefs étaient loin d'être de son avis. Alors, devant les réclamations que soulevait l'immobilité de l'armée, le maréchal se décida enfin, vers le 20 septembre, à ordonner une série de fourrages ayant pour but de recueillir les approvisionnements renfermés dans les villages voisins de ses camps. Toutefois, il laissa à l'initiative de chacun des commandants de corps d'armée la conduite des opérations à

exécuter devant le front des campements
occupés par leurs propres troupes. Aussi ces
opérations, qui auraient nécessité une direction unique et le concours de tous, devaient
fatalement avorter.

D'ailleurs, « ce n'était pas à de simples
fourrages que le maréchal, à la tête de
140,000 hommes, aurait dû borner son action.
En prenant fréquemment les armes d'une
manière inopinée, en simulant des attaques
de nuit réitérées, en portant ses efforts tantôt
sur un point, tantôt sur un autre, le maréchal
aurait bientôt mis sur les dents l'armée du
blocus, et, à la suite de simulacres répétés,
une attaque à fond aurait eu toutes chances
de réussir, si les fatigues infligées à ses
troupes n'avaient forcé l'ennemi à lever le
siège. La position centrale de l'armée française, au milieu d'un camp retranché, à l'abri
d'une attaque régulière, lui donnait un avantage des plus considérables. »

C'était de la sorte, on s'en souvient, que le
maréchal Canrobert avait conseillé d'agir à
la conférence du 26 août.

Loin de suivre cette tactique tout indiquée
par la situation, le maréchal, comme nous
l'avons dit plus haut, renonça à toute opération importante à partir du 1er septembre.
L'inaction, tel est donc le caractère de la
période du blocus comprise entre le 1er sep-

tembre et le commencement d'octobre, constate le général Serré de Rivière, qui ajoute :

« Deux causes ont déterminé cette inaction : l'hésitation produite par les nouvelles de Sedan et de Paris ; les pourparlers secrets entamés avec l'ennemi.

« A l'annonce d'événements qui bouleversaient la situation de la France et changeaient les conditions de la guerre (la chute de l'empire et la révolution du 4 septembre), les préoccupations du maréchal étaient bien naturelles ; mais ses devoirs militaires étaient trop pressants pour l'excuser d'être resté pendant tout le mois de septembre dans une inaction qui permit à l'ennemi d'organiser à loisir, et sans être inquiété, ses lignes d'investissement.

« Quelle que fût la forme du gouvernement, il fallait que l'armée vécût et combattît. »

Le 2 octobre, le maréchal se décida enfin à faire une démonstration du côté de Saint-Rémy, où nos soldats livrèrent un sanglant combat aux Allemands.

Mais la situation allait bientôt devenir telle que le général en chef se trouvât dans l'obligation de prendre une résolution, quelle qu'elle fût.

En effet, le 7 octobre, le maréchal recevait du général Coffinières la lettre suivante :

« Je dois informer Votre Excellence de la

situation des ressources, en vivres, de la ville de Metz et des magasins de la place.

« Les autorités civiles me déclarent qu'elles n'ont du blé que pour dix jours.

« Les magasins de la place ne renferment plus, depuis ce matin, que huit cent trente-deux mille quatre cent soixante-dix-neuf rations de pain ; or, le nombre des rationnaires étant de cent soixante mille, nous n'avons plus de pain que pour cinq jours.

« Si Votre Excellence jugeait à propos de réduire la ration de pain à trois cents grammes, nous pourrions vivre encore huit jours, en portant d'ailleurs la ration de viande à mille grammes. Je suis forcé, à mon grand regret, de mettre en consommation la réserve des forts.

« Il faut ajouter que la ville consomme environ trois cent cinquante quintaux par jour. La fusion de ces ressources avec les nôtres pourrait, tout au plus, faire gagner un jour. Le troisième corps possède environ deux cents quintaux de farine. »

Il n'y avait plus d'illusion à se faire. Les négociations étaient rompues, les vivres allaient faire défaut ; la situation prenait une gravité extraordinaire ; pour peu qu'on attendît, elle serait désespérée.

« Ce jour-là même, 7 octobre, sur l'indication de plusieurs habitants de Metz, décla-

rant qu'il restait dans les fermes de Grandes
et Petites-Tapes, à Saint-Rémy et à Bellevue,
des approvisionnements considérables de
céréales et de fourrages, le maréchal avait
ordonné une opération pour les recueillir.
Les voltigeurs, les chasseurs à pied et les
zouaves de la garde, ainsi que la partie des
troupes du 6e corps qui furent engagées,
firent preuve, dans cette circonstance, d'un
élan et d'une bravoure des plus remarquables.

« Le maréchal expose, dans son mémoire,
qu'il se détermina à livrer ce combat plutôt
pour l'honneur des armes que pour le résultat
qu'il en attendait. « Cependant, dit-il, j'aurais
« tenté d'en tirer parti pour échapper par la
« plaine, si les deux rives avaient été tenues
« par les 3e et 4e corps. Dans l'après-midi,
« j'avais fait venir les zouaves et le 1er régi-
« ment de grenadiers de la garde comme
« échelons de soutien pour relever les volti-
« geurs, qui se seraient portés en avant. Une
« fois le mouvement bien accentué, j'aurais
« fait filer par brigades tous les corps sans
« bagages, les tentes restant dressées, pour
« donner le change à l'ennemi. »

« Le combat du 7 octobre montra avec la
dernière évidence tout ce que le maréchal
aurait pu obtenir de l'élan de ses soldats, s'il
leur avait fait appel. Ce fut la dernière fois
que cette brave armée, si digne d'un meilleur

sort, aborda l'ennemi. Malgré les conditions les plus défavorables, elle le refoula devant elle jusqu'au moment où l'ordre lui parvint de rentrer dans ses camps.

« L'armée était donc capable d'un grand effort, elle venait de le prouver ; aurait-elle été en état de percer les lignes ennemies, et, cela fait, de gagner l'intérieur de la France ? On ne peut faire que des hypothèses à ce sujet ; mais le succès d'une semblable tentative eût-il été douteux, il fallait l'essayer ; car quelques jours encore, et l'armée allait être réduite à l'impuissance par la perte de ses chevaux et les privations ; non seulement toute chance de succès, mais toute possibilité de lutte honorable disparaissaient. Le moment était donc suprême. » (Général SERRÉ DE RIVIÈRE.)

Le maréchal Bazaine se borna à réunir tous les chefs de corps, d'abord le 10 octobre en un conseil de guerre tenu au Ban-Saint-Martin, puis le 18 dans une conférence où il donna des renseignements inexacts sur la situation de la France, et finalement laissa traîner et s'aggraver la situation jusqu'à la fin du mois, moment où, selon l'expression du rapporteur du conseil de guerre du Grand-Trianon, *non seulement toute chance de succès, mais toute possibilité de lutte honorable* avaient disparu.

IX

La capitulation (27 octobre). — Le dernier jour de Metz. — Suites et conséquences de la capitulation.

Le 27 octobre 1870, au château de Frascati, fut signé le protocole de la capitulation de Metz par le général Jarras, chargé par le maréchal Bazaine de la douloureuse mission de représenter la France en cette circonstance, et par le général de Stiehle, agissant pour la Prusse. Ce protocole était ainsi conçu :

« Art. 1er. — L'armée française, sous les ordres du maréchal Bazaine, sera prisonnière de guerre.

« Art. 2. — La forteresse et la ville de Metz avec tous les forts, le matériel de guerre, les approvisionnements de toute espèce, et tout ce qui est propriété de l'Etat, seront rendus à l'armée prussienne dans l'état où tout cela se trouve au moment de la signature de cette convention.

« Samedi 29 octobre, à midi, les forts de Saint-Quentin, Plappeville, Saint-Julien, Queuleu, Saint-Privat, ainsi que la porte Mazelle (route de Strasbourg), seront remis aux troupes prussiennes.

« A dix heures du matin de ce même jour, des ouvriers d'artillerie et du génie, avec quelques sous-officiers, seront admis dans lesdits forts, pour occuper les magasins à poudre, et pour éventer les mines.

« Art. 3. — Les armes ainsi que tout le matériel de l'armée, consistant en drapeaux, aigles, canons, mitrailleuses, chevaux, caisses de guerre, équipages de l'armée, munitions, etc., seront laissés à Metz et dans les forts à des commissions militaires instituées par M. le maréchal Bazaine, pour être remis immédiatement à des commissions prussiennes. Les troupes, sans armes, seront conduites, rangées d'après leur régiment ou corps, et en ordre militaire, aux lieux qui seront indiqués pour chaque corps. Les officiers rentreront alors librement dans l'intérieur du camp retranché, ou à Metz, sous la condition de s'engager sur l'honneur à ne

pas quitter la place sans l'ordre du commandant prussien.

« Les troupes seront alors conduites par
les sous-officiers aux emplacements de bivouacs. Les soldats conserveront leurs sacs,
leurs effets, et les objets de campement
(tentes, couvertures, marmites, etc.).

« Art. 4. — Tous les généraux et officiers,
ainsi que les employés militaires ayant rang
d'officiers, qui engageront leur parole d'honneur par écrit de ne pas porter les armes
contre l'Allemagne, et de n'agir d'aucune
manière contre ses intérêts jusqu'à la fin de
la guerre actuelle, ne seront pas faits prisonniers de guerre ; les officiers et employés qui
accepteront cette condition conserveront
leurs armes et les objets qui leur appartiennent personnellement.

« Pour reconnaître le courage dont ont
fait preuve, pendant la durée de la campagne, les troupes de l'armée et de la garnison, il est, en outre, permis aux officiers qui
opteront pour la captivité, d'emporter avec
eux leurs épées ou sabres, ainsi que tout ce
qui leur appartient personnellement. »

Les procès-verbaux officiels constatent
qu'il fut remis à l'ennemi :

1,665 bouches à feu, dont 1,136 rayées ;
8,922 affûts de voitures ;
3,239,225 projectiles ;

419,285 kilogrammes de poudre ;

13,288,096 cartouches du modèle Chassepot ;

9,696,763 cartouches de divers modèles ;

124,137 fusils Chassepot ;

154,152 fusils de divers modèles.

La valeur de ce matériel et de divers accessoires de toutes natures représentait un chiffre total de 36 millions.

Une partie de la poudre remise à l'ennemi avait été fabriquée pendant le blocus. L'usine de la poudrerie s'arrêta seulement le 20 octobre.

« Quant à l'arsenal du génie, le travail ne fut jamais suspendu ; les achats des matières premières et la fabrication se continuèrent pendant tout le mois d'octobre, sur l'ordre du commandant supérieur de Metz, qui, consulté par le directeur de l'arsenal pour savoir s'il y avait lieu d'arrêter les travaux, lui prescrivit de ne rien modifier à la marche de l'arsenal. »

C'en était fait !... Le maréchal Bazaine rendait à l'ennemi la principale forteresse de la Lorraine et l'armée de deux cent mille hommes avec laquelle il s'était chargé de la défendre. Au premier moment, les soldats ne purent se figurer que tout cela était vrai : ils refusaient de croire qu'un maréchal de France osait ternir de la sorte toute sa gloire

11

passée et se plonger ainsi dans la honte à la fin de sa carrière.

Cependant le fait était malheureusement trop vrai. Il fallut bien se rendre à l'évidence lorsqu'on vit, le 29, à midi, les Prussiens occuper la porte Mazelle et tous les forts.

Alors une rage folle s'empara des troupes. Certains régiments brûlèrent leurs drapeaux et leurs aigles ; d'autres les partagèrent en lambeaux, qui furent donnés aux officiers. Cinquante-quatre drapeaux seulement arrivèrent intacts à Berlin.

Puis, les régiments durent, sous la pluie qui ne cessait de tomber depuis un mois, se rendre aux endroits désignés par l'état-major prussien.

« Quelques-uns d'entre nous, a raconté M. Ch. Delacour, l'un des acteurs de ce sombre drame, conservaient un peu d'espoir, comptaient sur le ciel, sur la Providence, sur un miracle. Ils étaient vite rappelés à la réalité en voyant les colonnes prussiennes longer les coteaux menant aux forts, réputés imprenables, de Metz, passer les ponts-levis, enseignes déployées, et planter bientôt, aux quatre coins de nos formidables citadelles, le drapeau noir et blanc de la Prusse.

« Des milliers d'armes, des paquets de cartouches, des tambours crevés, des instru-

ments de musique, des cantines jetées dans
les fossés, sur la route, étaient là comme les
tristes épaves de notre honneur, comme
l'anéantissement de nos espérances si fié-
vreusement entretenues dans nos cœurs,
systématiquement et matériellement com-
battues par le commandement.

« — Prenez donc ces armes, semblaient
nous crier des voix intérieures. Courez à
Metz ; ne ratifiez pas cette honteuse capitulation dont le souvenir pèsera toujours sur
votre pays.

« Et le triste cortège poursuivait sa
marche difficile, saluant d'un dernier regard
canons et mitrailleuses des forts rendus à
l'ennemi, devenus muets par la volonté d'un
seul homme.

« Bientôt on rencontre les Prussiens, qui
forment un long cordon sur la lisière des
bois. Ils offrent à nos troupiers du tabac et
des cigares. Des voitures, chargées de
viandes fraîches, sont arrêtées de distance
en distance. Avec des échalas de vigne, nos
soldats creusaient le sol pour y arracher des
racines, des pommes de terre, et calmer
leur faim, comptant peu, et avec raison, sur
les quartiers de moutons et de bœufs si
prodiguement étalés sur leur passage.

« Les hommes, conservant leurs effets et
objets de campement (tentes, couvertures,

marmites), défilèrent devant l'armée ennemie. Un étendard de dragons indiquait le
point de conversion, et, quelques pas plus
loin, à un changement de direction, les chefs
de corps remettait à un général allemand
l'effectif des troupes qu'ils avaient commandées.

« D'après le deuxième paragraphe de
l'art. 4 du protocole, les officiers avaient
conservé leurs sabres et accompagné militai-
rement leurs hommes. Au moment de se
séparer, que de pleurs et de serrements de
mains ! Plusieurs voyaient partir des frères,
des amis dévoués. On quittait un brave
qu'on avait vu agir vigoureusement le jour
du combat ; celui-ci vous avait sauvé d'une
embuscade ; celui-là avait partagé avec vous
son bidon et son biscuit.

« On regardait avec rage et douleur cette
armée victorieuse. Des chevaux magnifiques,
à pleine peau, richement harnachés, piaffaient
là, devant nous, et nous faisaient penser à ces
pauvres bêtes que nous avions vues mourir
de faim.

« L'attitude des Prussiens était digne.
Aucune démonstration bruyante. Nos soldats
embrassaient leurs officiers, qu'ils ne pou-
vaient quitter, leur faisaient mille recommandations. Un officier supérieur s'approcha
d'un groupe pour l'engager à se séparer.

« Laissez-les encore, dit un général prus-
« sien, c'est beau, c'est beau. »

« Après avoir conduit leurs troupes, les
officiers rentrèrent dans l'intérieur du camp
retranché sous Metz.

« A chaque pas, on rencontrait des officiers de l'armée victorieuse. Ils examinaient
les redoutables positions, encore le matin en
notre pouvoir. Ils semblaient étonnés de se
trouver sur ce terrain sans y avoir brûlé une
cartouche pour le conquérir. On découvrait
la vallée de la Moselle, un rempart, Metz bien
gardée par ses cinq forts, Metz la ville impre-
nable. De ces hauteurs en voyait les anciens
bivouacs. Là, était encore une tente debout ;
plus loin, une autre brûlait. Quelques voitures de bagages étaient abandonnées. Des
chevaux, qui avaient du souffle pour quatre
ou cinq heures, restaient aux cordes. D'autres
passaient près de nous, pouvant à peine se
traîner, et allaient tomber inanimés dans la
boue du fossé.

« A six heures du soir, brisés par les émo-
tions et la fatigue, les officiers étaient rentrés
dans Metz, et cherchaient en vain à se loger.
On avait compté sans les vainqueurs, déjà
installés dans les hôtels où ils lisaient, avec
étonnement, l'inscription placée sur les
glaces depuis plus de six semaines : *On est
prié d'apporter son pain.*

« Sur la place d'armes, celle où se trouve
la statue de Fabert, les tambours battaient,
les trompettes sonnaient, les musiques
jouaient l'air national, et toutes ces fanfares
cruelles, sous une pluie battante, ne ces-
sèrent qu'à minuit.

« Enfin, cette journée du 29 octobre était
finie pour nous. Quel siècle ! Et nos pauvres
soldats, que devenaient-ils dans cette nuit
affreuse ? Avaient-ils reçu des vivres ? leur
avait-on donné des abris ?

« Le 30 octobre, Metz était entièrement
occupée. Les habitants regardaient avec une
sorte d'étonnement la volaille, la viande de
boucherie, le beurre, les légumes, toutes les
provisions dont on était privé depuis si longtemps, et que les *mercanti*, à la suite de
l'armée prussienne, apportaient à profusion.

« On s'arrêtait au coin des rues pour lire
la proclamation du gouverneur, le général
von Kummer. Une affiche qui fit grand
plaisir aux prisonniers, fut celle où l'on
annonçait à MM. les officiers français « qu'un
« convoi extraordinaire pour 500 personnes
« partirait à cinq heures de la gare Serpe-
« noise pour l'Allemagne (voie Mayence). »
On les engageait à apporter de quoi s'asseoir,
l'administration ne pouvant mettre à la disposition de l'autorité un assez grand nombre
de vagons de voyageurs, et le maire ayant

déclaré qu'il lui était impossible de fournir des sièges pour ces transports. La perspective de voyager dans ces compartiments à charbon ne nous inquiétait guère. On ne demandait qu'à quitter au plus vite cette malheureuse cité, si vaillamment défendue autrefois contre Charles-Quint, à ne pas assister plus longtemps au triomphe d'une armée qui avait pour elle « Dieu et la Provi-« dence ».

« Tous les officiers ne purent évidemment pas trouver place dans ce premier train. Le 3 novembre seulement, entassés dans un wagon de bestiaux avec une quarantaine de camarades de toutes armes, d'ordonnances, de bagages, un train nous emmenait en Allemagne. Personne ne connaissait encore le lieu de son internement.

« Le même jour, le prince Frédéric-Charles, avec 200,000 hommes, se mettait en marche pour aller renforcer l'armée d'investissement autour de Paris. »

Voilà, en effet, quelle fut la conséquence immédiate de la capitulation de Metz : une armée ennemie tout entière cessa d'être immobilisée en Lorraine ; redevenue libre de ses mouvements, elle en profita pour rejoindre les autres corps allemands qui manœuvraient au sud de Paris et pour venir écraser nos jeunes troupes en formation sur la Loire, qui, malgré leur inexpérience, faisaient vaillamment leur devoir et avaient déjà remporté de sérieux avantages leur permettant d'espérer le succès final contre l'ennemi qui leur était opposé.

« Si le maréchal Bazaine eût quitté le camp retranché le 1er septembre, dit le général Serré de Rivière, la distribution judicieuse des ressources qu'il laissait à Metz eût permis aux 106,000 rationnaires renfermés dans la place de vivre jusqu'au 31 janvier inclus sur le pied d'une ration de 350 grammes de viande, 500 grammes de pain et 3 kilogr. de fourrages. Si, en outre, du 20 au 29 août, on eût recueilli les ressources immédiatement voisines des camps, la résistance aurait pu être bien autrement prolongée.

« Au moment où la pénurie des vivres, pénurie qu'il aurait pu si facilement prévenir, força le maréchal Bazaine à capituler, se rassemblaient sur la Loire, entre Nevers et Blois, cinq corps d'armée français. La cohésion manquait assurément à ces nouvelles levées, mais leur effectif était très considérable, et les Allemands n'auraient eu à leur opposer, retenus qu'ils étaient par les nécessités du blocus de Paris, que des forces bien inférieures en nombre.

« Si l'armée du prince Frédéric-Charles,

dont les premières troupes commencèrent à
s'ébranler dès le 25 octobre, et qui atteignit
Fontainebleau et Pithiviers vers le 25 novembre, avait été retenue sous les murs de
Metz, les conditions de la lutte auraient été
tout autres devant Orléans. On ne peut hasar-
der, à ce sujet, que des conjectures ; mais le
succès remporté à Coulmiers par deux corps
d'armée français, qui ne furent même pas
engagés en entier, permet de penser que,
sans l'intervention de l'armée du prince
Frédéric-Charles, il eût été possible de dégager Paris....

« Sedan, Metz, Orléans !... Le nom du
maréchal Bazaine demeurera éternellement
attaché à ces trois grands désastres de la
guerre de 1870.... »

ÉPILOGUE.

—

Trois ans après le drame douloureux que nous venons de raconter, trois ans après que Metz et la Lorraine — comme Strasbourg et l'Alsace — avaient été violemment séparées de la France, le maréchal Bazaine comparaissait devant le premier conseil de guerre, réuni au Grand-Trianon, à Versailles, sous la présidence du duc d'Aumale, général de division : il était accusé d'avoir capitulé, d'avoir livré à l'ennemi son armée et la place de Metz, sans avoir au préalable épuisé tous les moyens dont il disposait pour sauver l'une et l'autre.

Les débats (lecture de l'acte d'accusation, interrogatoires du maréchal, dépositions des

témoins, plaidoiries des défenseurs) durèrent deux mois, du 6 octobre au 10 décembre 1873. Ils furent clos le 10 décembre.

Ce jour-là, après une délibération qui se
prolongea pendant quatre heures, le conseil
de guerre prononça le jugement suivant :

« AU NOM DU PEUPLE FRANÇAIS,

« Cejourd'hui 10 décembre 1873, le premier
conseil de guerre permanent de la première
division militaire délibérant à huis clos,
le président a posé les questions suivantes :

« *1re question*. — Le maréchal Bazaine est-
il coupable d'avoir, le 28 octobre 1870,
comme commandant en chef de l'armée du
Rhin, capitulé en rase campagne?

« *2e question*. — Cette capitulation a-t-elle
eu pour résultat de faire poser les armes aux
troupes dont le maréchal Bazaine avait le
commandement en chef?

« *3e question*. — Le maréchal Bazaine a-t-il
traité verbalement ou par écrit avec l'ennemi
sans avoir fait préalablement tout ce que lui
prescrivaient le devoir et l'honneur?

« *4e question*. — Le maréchal Bazaine, mis
en jugement après avis d'un conseil d'enquête, est-il coupable d'avoir, le 28 octobre 1870, capitulé avec l'ennemi et rendu

la place de Metz, dont il avait le commandement supérieur, sans avoir épuisé tous les
moyens de défense dont il disposait et sans
avoir fait tout ce que lui prescrivaient le
devoir et l'honneur ?

« Les voix recueillies séparément en com-
mençant par le juge le moins ancien en
grade, le président ayant émis son opinion
le dernier, le premier conseil de guerre
déclare :

« Sur la 1re question : *Oui*, à l'unanimité.

« Sur la 2e question : *Oui*, à l'unanimité.

« Sur la 3e question : *Oui*, à l'unanimité.

« Sur la 4e question : *Oui*, à l'unanimité.

« Sur quoi, et attendu les conclusions
prises par le commissaire spécial du gouvernement dans ses réquisitions, le président a
lu le texte de la loi et a recueilli de nouveau
les voix dans la forme indiquée ci-dessus
pour l'application de la peine.

« En conséquence, le conseil, vu les dispositions des articles 210 et 209 du Code de
justice militaire, ainsi conçus :

« Article 210. — Tout général, tout com-
« mandant d'une troupe armée qui capitule
« en rase campagne, est puni :

« 1° De la peine de mort, avec dégradation
« militaire, si la capitulation a eu pour ré-
« sultat de faire poser les armes à sa troupe,
« ou si, avant de traiter verbalement ou par

« écrit, il n'a pas fait tout ce que lui pres-
« crivaient le devoir et l'honneur ;

« 2° De la destitution dans tous les autres
cas. »

« Article 209. — Est puni de mort, avec
« dégradation militaire, tout gouverneur ou
« commandant qui, mis en jugement après
« avis d'un conseil d'enquête, est reconnu
« coupable d'avoir capitulé avec l'ennemi
« et rendu la place qui lui était confiée, sans
« avoir épuisé tous les moyens de défense
« dont il disposait, et sans avoir fait tout ce
« que lui prescrivaient le devoir et l'hon-
« neur. »

« Condamne, à l'unanimité des voix,
François-Achille BAZAINE, maréchal de
France, A LA PEINE DE MORT, AVEC DÉGRADATION
MILITAIRE.

« Le premier conseil de guerre déclare
que le maréchal Bazaine cesse de faire partie
de la Légion d'honneur et d'être décoré de la
médaille militaire. »

Nous devons ajouter que, après avoir jugé
le commandant de l'armée de Metz en leur
âme et conscience, les différents généraux
qui composaient le conseil de guerre si-
gnèrent un recours en grâce en faveur de
Bazaine pour sauver un maréchal de France
de la honte du peloton d'exécution. Ce
recours en grâce fut immédiatement envoyé

au Président de la République, qui était alors
le maréchal de Mac-Mahon ; et celui-ci, ce
même jour, dès onze heures du soir, usant
de la plus belle de ses prérogatives de chef
de l'Etat, commua la peine de mort en vingt
années de détention ; il décida en outre que
la dégradation, maintenue dans ses effets,
ne recevrait pas d'exécution matérielle.

Le donjon des îles Sainte-Marguerite, dans
la Méditerranée, auprès de Cannes, fut assigné comme lieu de détention au condamné
du premier conseil de guerre.

On sait que, peu de temps après son incar-
cération, Bazaine réussit à s'évader et à se
réfugier en Espagne, où il demeura jusqu'à
sa mort, survenue en 1891.

FIN.

TABLE.

FIN DE LA TABLE

Rouen. — Imp. MÉGARD et Cie, rue Saint-Hilaire, 136.

www.ingramcontent.com/pod-product-compliance
Lightning Source LLC
Chambersburg PA
CBHW071214100426
42735CB00047B/2397